練習不聽話

UNTOLD

劉馥寧

（芬妮 Fannie）——著

30 代女子的心靈獨立之旅，

成就自己，

也找回剛剛好的母女關係

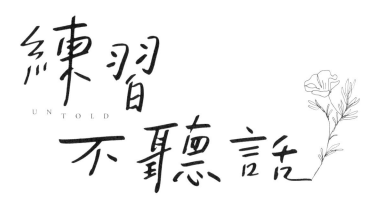

各界推薦

在人生角色的十字路口，徘徊。往後看，母親的高聳身影，在在地影響自己。往前看，自己又想要成為獨一無二的母親。

母愛像陽光，倍感溫暖，卻又眩目刺眼。母愛像陰影，看似保護卻又想要脫困而出。

我們不想要成為母親的複製品，卻又從媽媽身上，看見愛是如何的滋養，又是如何的一刀兩刃。讓人感受彼此的存在，卻又矛盾受傷害。

——**王意中**（王意中心理治療所 所長／臨床心理師）

最難解的問題是人，尤其是家人之間，距離太近，反而很難表達得清楚。孩子出生後，芬妮與母親的衝突逐漸放大，慢慢地，深深地，衝擊著彼此。她在閱讀中得到強大的能量，找到生命中的解答；她在書寫中釋放壓力，勇敢地自我揭露。面對千古不變的議題，她抽絲剝繭帶著我們解開愛的「家」鎖，讓愛自然地流動，享受與珍惜。

——**仙女老師余懷瑾**（作家）

我跟母親的關係，從她生養與疼惜我開始，到我可以保護與溫愛她，直到母親往生，我們一直是親暱又祥和的互動。

什麼是跟母親相愛相殺？在我成為母親，開始寫教養專欄之後才知道，很多母女難相處，更多母女是不知道如何相愛！

如果妳跟母親有心結難解，有愛卻在代間中迷路，來看這本書，可以開啟妳們母女和解，而走進彼此心中好好相愛的契機。

——尚瑞君（作家、講師）

母女不是數學題、列出程式便能得出答案；有時反倒類似考古，藉著碎片殘骸去挖掘源頭，有些有解，有些仍是一團迷霧。

此書是密碼鎖，試圖打開母女間緊閉的門，隔天，又換了另一組密碼。作者勇敢書寫因故寄住娘家時母親的嚴苛，讓自己滋生寄居感，看似不得不的疏離，實則暗藏想靠近對方的渴望。

一章章的文字是一只只翹翹板，我的心懸在兩端的母、女，不知擺盪振幅何時能停在平衡點？

勇敢直書家醜，實為不易，作者年輕時對母諸多順從，但中年時由心理分娩出全新的自我，此時親子間拉扯力道甚鉅，作者在文中提起自己一生、只受過母親體罰兩次。然而有時語言更扎人。

觀完全文，赫然翹翹板另一端，坐的是自己。

——林佳樺（作家）

很難想像，不過是生了一個孩子，怎麼能惹出這麼多事？當了媽，才發現讓人受傷的不是婆婆，而是親媽。生了孩子，才開始去跟自己內在的小孩對話。

芬妮毫不掩飾，真誠書寫母女間的相愛相殺，若說生孩子有什麼神聖之處，應該是芬妮本人的二次誕生，重新擁抱母親，最終與自己和解。恐懼與愛，有智慧的芬妮終究選擇了愛，也帶領讀者看到了愛的樣貌。

——劉中薇（知名作家／編劇）

推薦序——

不聽話，才能從「我知道你可以更好」的催眠中醒過來

——葉妍伶（未來鑄造空間創辦人）

我身邊一樁樁母女相愛相殺的血案，我大部分都看得懂。芬妮的遭遇我實在是不理解，她就已經沒得嫌了，她已經拚進了人生勝利組，那麼聽話還要怎樣？我有時候真的很想跟劉媽媽說：「妳不可以欺負我朋友！」但劉媽媽可能會說：「妳才不可以帶壞我女兒。」

再仔細尋思，其實我錯了。芬妮不是我朋友，不是妳女兒，芬妮就是她

自己。

我雖這樣想，芬妮不這樣認為。她完全內化了劉媽媽的聲音和眼光，每天掃描自己、數落自己。明明她有絕佳的理解能力、表達能力、協調能力，她竟然還對我大叫說：「這些有什麼用？」

我聽完先拍桌子又想翻桌子——這不是頂級人才需要的素質嗎，妳全具備了還覺得自己沒用？

Why do overachievers have low self-esteem? 為什麼有些人成就超群但自我價值感超低？

這個疑惑我到今年夏天才解開。我的媽媽年輕時就開工廠、賺了錢，上個世紀就到海外置產，但是她退休以後非常怕窮而且常嫌自己沒用。

她謹記著年輕時曾經辭職後回家，向我外婆謊稱是休假，但我外婆第二天就叫她快回臺北工作，因為「在這裡，多待一晌就是要多吃一餐。」

後來我外婆來臺北養病，我媽滴了一碗牛肉精，我外婆只潤了一口就說：「給我糟蹋，給孩子喝，我多喝一口，妳們就少分一碗。」

這些自賤的語言深植我媽的潛意識，讓她覺得沒有收入的人每天活著都是開銷。她深怕自己沒價值，每天找事做，洗衣晾衣，有時午餐後不小心打盹，我問她：「妳怎麼不進房間睡午覺？」

她說：「妳阿嬤、我婆婆說母豬才白天睡覺，我被這句話氣到，發誓我白天不睡覺。」

我說妳婆婆都過世三十年了，妳能不能放過自己？她辦不到。

我確診之後呼吸道一直很衰弱，多說些話就立刻沙啞，睡醒常有咳不出的濃痰。但我以口譯和催眠為業，就是得一直說話。有天早上我清痰清到不斷乾嘔，我媽下樓就說：「一早就要吐吐不出來，是懷孕了嗎？」

這話聽在耳中，我只覺得刻薄，自從疫情斬斷了我的遠距離戀情，我們母女在一個屋簷下，她眼睜睜看著我沒有私生活沒有夜生活，還能用這樣的話來招呼我的咳嗽？我媽為何待我如此刻薄？我既以口譯和催眠為業，那天開始便廣查文獻，從生活範圍開始田野調查，終於在珮姬・歐馬拉（Peggy O’mara）的言談中得到了解答——我們對孩子說的話會成為他們內在的聲音。

我媽不是故意的，她就是被催眠了。若我們生命中那個很重要的人，以愛和教育為名，持續指出我們的錯誤和「進步的空間」，無法為任何進步和努力開心，因為擔心一點讚賞都會害我們的眼睛就這麼長到了頭頂上。這樣的人會因為我們的重視，變形為我們內在的聲音，讓我們在盡力與自謙的幻相中削弱自我價值感、傷害自我認同感。

芬妮都已經決定要寫書，已經和出版社簽約了，還時不時問我：「為什麼我要寫書？人家為什麼要來看我的人生故事？」「我沒有被家暴，父母給我那麼多栽培，我還在埋怨什麼？」

我當時只一股腦地鼓勵她寫，我說書寫就是個詰問靈魂的過程，妳寫了就會有答案。結果等到我要寫推薦序，這問題落到我頭上了：「我為什麼要邀請大家來看芬妮的人生經歷？」

芬妮的自述，其實在處理一個人格養成中很重要、很深刻的議題：自我價值感。

布芮尼·布朗（Brené Brown）、潔薩米·希伯德（Jessamy Hibberd）等研究人員都先後出版了許多著作，試圖說明自我價值感到底是什麼？自我價值感是怎麼長出來的？

若我們無法回答這兩個問題，就不可能知道怎麼提升自我價值感，也不會知道要怎麼栽培別人（孩子、學生、員工）的自我價值感。

芬妮用她的書回答了我的問題：為什麼有些人成就超群但自我價值感超低？

媽媽是最強大的催眠師，媽媽如何嚴格地評鑑孩子，孩子就如何苛刻地挑剔自己。那些「我知道你可以更好」的勉勵話都成了「我知道我還不夠好」的內心話。

練習不聽話吧，傾聽內心最真實的聲音，體會內心最真摯的感受，擁抱內心最真實的自己。

目錄

輯二

在低谷探光

輯三

穿越時空的指北針

輯四

心是回家的路

楔子——

三十失序

三十歲以前的我，幾乎沒有自己的想法和覺知，我不知道人生目標是什麼，也不太關心社會議題，但是我獨善其身，在教育體制和母親的栽培下，成長過程雖有顛簸，卻也順風順水了三十載。

努力念書升學，名校光環加身，碩士畢業即就業，落腳全球財星前五百大知名外商，日日勤勉工作，職涯得意。承蒙愛神眷顧，我在適婚年齡結了婚，又在適產年齡生了第一胎，成了產房裡相對適齡的新手媽媽。

一切皆符合社會期待。

不是每件事情按照計畫都能完成

從小，母親就教我做時間管理與學習計畫，每天要寫多少評量、一周要複習多少章節，考前多久要開始衝刺，養成自動自發的好習慣，成績多半名列前茅。

人生也差不多依樣畫葫蘆，如果二十七歲要結婚，二十三歲就要積極擇偶，好歹留給雙方四年的時間磨合；如果三十歲以前要生第一胎，二十九歲務必懷孕，不然到時候會來不及在產婦屆高齡前生下第二胎。若想成家立業兼顧，生小孩前勢必得爬上一席之地，產假後回崗位繼續工作，努力爭取下一次升官加薪的機會。

只要妥善安排或被安排，我就一定能達成目標，對此，我從未有過任何一絲質疑，凡是偏離計畫的不如預期，都會讓我焦慮不安、難以接受。

然而，三十歲初為人母後，我卻迎來了一連串的挫折與失控。

母乳不是業績，我無法控制乳房每天定量的產出；孩子不是機器，我無法預測他睡多久會醒來、喝多少奶量是足夠；為母不強，日夜勞累與睡眠不足，我無法確定自己究竟有沒有信心把孩子養大。

世事無常，我無法干預他人對生命的決策，隔壁鄰居帶著孩子離開世界，留給我莫名巨大的悲傷；遠離傷心地，舉家搬回娘家與父母同住，生活起居卻漸起摩擦，母親對我說：「我以為妳只是回來住一個禮拜而已，沒想到妳還真的把全家都搬來了？趕快找房子搬出去，不然妳和女婿一直住在娘家會沒出息。」

就這樣，我成了一個產後抑鬱的新手媽媽，以及暫住在娘家而因此沒出息的已婚女兒。唯一寬慰我的，是我在外商公司的經理職，掌管我非常喜歡的國際品牌電商網站，和情誼深厚的同事們一同奮戰，工作壓力不因我是產後婦女而減輕，回家後母親的臉色也不因我是職場女力而變得和藹慈祥。

當時好傻好天真，從沒想過三十歲當媽媽以後的人生，很多計畫並不管用。

愛與接納並沒有固定的形式

有一回，和外派回臺的友人相聚午餐，他說，別看他隻身在異地職場奮鬥，其實個中辛酸無人知曉，一覺醒來竟成了憂鬱症患者。他一通電話打給母親訴苦，說是想回家了，他的母親在話筒中傳聲：「回來吧，人沒事就好，家裡永遠是你的避風港。」

他坐在我對面，雲淡風輕地說著這段經歷，我早已淚灑餐桌，直視他的雙瞳，投以羨慕的眼光。想起我也曾在最需要被人同理安慰的時候，得到的並不是這麼直接了當的愛與接納。

搞不定嬰兒喝奶睡覺不是我的錯，鄰居離世留給我的悲傷也不是我的錯，逼不得已暫住在娘家更不是我的錯，沒有了學習計畫和評量考試，我連拖鞋該如何放置、瓦斯爐該如何清潔、地板該如何擦拭到一塵不染，都做不到娘家女主人的標準，在挫折低潮的時候，每天還被要求生活起居的所有細節，難道我都沒有頹廢哭泣的權利嗎？

我知道母親一定是愛我的，然而，人生驟然失序的我，在那個當下，從母親身上感受不到任何我所需要的溫柔包容與無條件支持，說不怨她恨她是騙人的。

多年以後，我能明白母親當時的所作所為是希望我振作，不要因為人生一時的挫折而喪志，雖然嚴苛，但她卻有始有終、問心無愧，對我是一貫的用心栽培與高標要求。

失序後的蛻變與省思

在強烈的憂鬱悲傷與工作家庭的多面夾擊下，我終究還是病了，反覆陰道炎、睡眠障礙與廣泛性焦慮症纏身，再怎麼鞭策我也無法馬上振作。

這病實在不討喜，人生目標得了便宜還賣乖，三十歲就扛不住命運的壓力，草莓世代果然太嫩。職場女性哪一個不是家庭工作兩頭燒？生命的來來去去在社會上層出不窮，誰又奈何得了？哪個女兒跟媽媽沒有母女衝突，此乃自古以來的老掉牙戲碼，我豈不是大驚小怪？

我大可以繼續按照世俗劇本隨波逐流，要麼忍辱內傷一輩子，要麼怨天尤人一輩子，但是我都不想啊！

那句「一直待在娘家會沒出息」的迫切，倒是讓我五感全開，新潮一點的說法，我不再像三十歲以前「靈肉分離」，三十歲以後的我，終於「靈魂覺醒」，充分地體驗憤怒、恨意、委屈、失落、悲傷、痛苦、恐懼、愧疚、同理、信任、慈悲、昇華、愛與寬恕，尤其針對母親、孩子和我自己。

從此，我花了很多時間去釐清情緒覺察在我身心上演的化學作用，並試圖理解母親的教養對我造成的影響。我也成為了母親，這條養兒育女的漫漫長路，有哪些方針我該向她請益，又有哪些枷鎖是我不該世襲的？

三十歲以前，很幸運地有母親生養栽培，保我前半生平安順遂。三十歲以後，我再度從心理與她分娩，長出了豐厚的心靈羽翼，充滿自己的想法與覺知，告別過往、勇敢蛻變，我敢說：十分地有出息。萬分感恩與母親相愛相殺，更感恩失序病痛喚醒我的覺知，這是宇宙用毒藥包裝過的禮物，若不是刀刀見骨，沒到絕處怎麼會逢生？

這本書記錄了我從母女關係的衝突中，對三代親緣的省思，也是自我覺醒的經驗談。各篇章的故事情節，大抵是我記憶中的真實片段，或是我曾聚焦投射所創造的實相，事件真相無法還原，當事人或許也會做出一千萬種抗辯，但我的情緒感受卻是千真萬確，難以壓抑與隱忍，過往社會教育體制所缺乏的心靈素養，我倒是從這場失序中修習了學分，身為「靈魂伴侶」的母親與孩子，不僅功不可沒，更是讓我感受到穿越時空的愛。

希望我的心路歷程能帶給讀者勇氣與力量，願你看見逆境中的探光不在別處，而在你的心中。

輯一

從頂峰墜落

初為人母的矛盾

「要怎樣才算是準備好要生個孩子了？妳當初生小孩的時候，心態已經準備好了嗎？」三十五歲剛結婚的朋友如此向我提問。

我結婚生子的年齡比她略早，二十七歲結婚，三十歲生下第一胎，在這個晚婚晚生的時代，當時我身邊幾乎沒有親友生孩子，而我也只是天真地以為，時間到了就該生個孩子，人生才算是圓滿達成目標。

迷失在世俗的期待中，我怎麼可能把心態準備好才生孩子？倒是生了孩子之後，心態的轉變充滿矛盾與拉扯。

孝道的矛盾

懷孕後期，很害怕產程痛楚，於是上網搜尋其他產婦的經驗談，給自己一些心理建設。人人都是部落客的數位世界，產程圖文並茂，想不到竟越看越害怕，嚇得我趕快把網頁關掉。

產程其實因人而異，唯一相同的是，好像真的非常痛，痛到她們的部落格文章，幾乎都以「媽媽這麼辛苦地把你生下來，你以後要是對媽媽不孝，你就完蛋了！」之類的文字作結。不禁讓我想起，媽媽也曾經對我說過：「早知道妳生出來就偷捏妳幾下！」

這些話聽起來，像是新生兒的原罪。

＊＊＊

終於輪到我進產房了，陣痛還可以忍受，並沒有前輩說的那麼可怕，但內診檢查子宮頸開指程度，護理師的手指，像是鋒利的電鑽往我的私處猛挖，痛得我發出淒厲的慘叫，挖出了她滿手鮮血，我早已嚇得魂飛魄散。

十二個小時後，用盡我最後一絲力氣，我的寶寶終於瓜熟落地。疲憊不堪的我，不忍怪罪我的孩子，反而對著婦產科醫師嘟囔：「生小孩這麼可怕，誰會想生啊？」

產後我到嬰兒室餵奶，坐在我對面的媽媽，果真對著她的寶寶威嚇：「這麼不認真喝奶，很不乖喔，看我回家怎麼教訓你。」

我聽不出來這是甜蜜的玩笑，還是歷經產痛母親該有的特權。

＊＊＊

生產的過程真的又痛又累，整個身心遭受前所未有的巨大摧殘，我的母親卻願意為了我，在那個沒有減痛分娩的年代，熬過所有苦痛，平安誕下健康的我，我對她的敬佩不禁油然而生，敬佩中也參雜了一些罪惡感。

母親常說，養兒方知父母恩，所以我們要去佛寺裡念《父母恩重難報經》，消除自己的業障。以前還真帶我去佛寺參加法會，將《父母恩重難報經》帶回家抄寫，說是我們這輩屬牛的業障特重，要抄寫超過一千次才能消災。

當這句話又浮現在初產婦的耳裡，我除了是新手媽媽之外，竟還成了千古罪人？這是我初為人母後，首次對孝道的質疑，也是我首次認為，母親說的話或許並不全然正確。

我該謝謝她嗎？我是不是讓她受苦了？她的陣痛和傷口很痛嗎？如果她也歷經了這一連串的孕產不適，那我是不是虧欠她太多了？

我越想越愧疚、越想越痛苦，彷彿我生下來就真的有罪。

回想起懷孕時讀池川明醫師《媽媽，我記得你》，書中對於孩子的誕生有很浪漫的說法，說是孩子在天上自己選媽媽，選好了才決定來到這個世界，有三分之一的小孩甚至還有胎內記憶和誕生記憶呢。

如此說來，我和我的孩子都無罪啊！

我們只想著自己多痛多累去生一個孩子，但孩子又何嘗不是承擔極大的風險來到我們身邊呢？有人關心過孩子的心情嗎？我的寶寶又有什麼想法呢？

這是一個未知又充滿不安的世界，他的靈魂為什麼決定要落入投胎輪迴？他冒著胚胎發育的風險，靜靜地平安健康發展，不因我的腰酸背痛或風寒感冒而有任何影響。宮縮時的陣痛擠壓，他覺得痛嗎？分娩的過程他跟我一樣受驚嚇嗎？產程若不順，他可能血腫，可能嗆傷，甚至可能骨折，他會害怕嗎？他的恐懼和痛楚也許不亞於我，而我又該對他說什麼呢？

我該要求他感恩我嗎？我要讓他覺得對我虧欠嗎？我要教他百善孝為先嗎？我要跟他說父母恩重難報嗎？我要跟他說做父母的犧牲，都是為了他嗎？

我說不出口。

權威的矛盾

印象中，母親大概只打了我兩次，一次是過馬路不看路，被她用拳頭揍了頭頂；另一次不記得什麼原因，被她用百葉窗的塑膠轉棒揍了屁股。區區揍這兩次，我過馬路懂得左顧右盼了，大概也學著乖巧聽話了，我甚至一直覺得，這兩次揍人實在有理。

生小孩之前，到底該準備什麼心態？實不相瞞，在我的孩子尚未出生前，我覺得小孩不聽話就是要揍，揍扁最好，我甚至打聽了軍事化訓練嬰兒的方法，打算讓他哭著睡過夜，這樣我才能好好控制我的生活。

孩子生下來後，看到他可愛的臉龐，秀氣的哭聲，我根本揍不下去，哭沒幾秒就趕快抱起來「惜惜」，更甭提放著讓他哭到睡著了。雖然我開始練習親密的母愛，但我不敢承認，好不容易「女兒熬成母」，卻無法理直氣壯施展我的怒氣與權威，讓我覺得好氣餒，這是一種很深的被剝奪感。

這原本幾近虐兒的想法，究竟從何而來？後來我在《最好的教養，從面對真實自我開始》一書中找到答案，作者伊莎貝爾・費歐沙（Isabelle Filliozat）提及：「『我能讓他人痛苦』等於『我有權力』，也等於『我很強』。在我們出手打人的那一刻，我們被一股破壞、掌握權力和控制他人的衝動佔據。」

原來，我並不是真的想要揍小孩，也不是有心讓他哭到睡著，我只是想要取得從小到大一直都很渴望的「控制權」，一種「由我來做決定」的權力。

回想成長過程中所有考過的試、填過的志願、學過的才藝、挨過的責罵、沒談成的戀愛、不外宿不晚歸的家規、婚前不能破的處女膜（？），有哪一個是出於內心自我意識的決定？我的確是吾家有女初長成，但這究竟是家管嚴造就了我？還是我本來就可以長成這副模樣？已經事後諸葛不可考了。

既然三十歲以前的我是跟著體制規範做決定，為人母親後又不能靠權威打罵彰顯控制，更不願高舉孝道的旗幟逼孩子就範，我這虧還吃得真是矛盾。

初為人母後，有了嶄新的身分，晉升了社會頭銜，但骨子裡的掌控權卻看似無用武之地，我在三代之中，竟覺得有些迷失。

同一個屋簷下

兒子出生後不到五個月，我因故舉家搬遷至母親新購的房子和父母同住。人們都說養小孩需要一個村子的力量，我如此幸運，直接住進了每個女兒的靠山——那個名為「娘家」的地方。

然而，我卻是鬱鬱寡歡，身心狀態每況愈下，難以向他人傾訴，究竟一個女兒住在娘家，能有多憂鬱？

打個比方吧，一般媳婦住在婆家有多不自在，我住在娘家就有多不自在。

這個譬喻對婆婆不公平，對媽媽不公義，但是對不住婆媽了，暫且怪罪給修辭吧，這時候只有文字願意接納情緒傷口。

屋簷下的第一周

母親看我搬了那麼多東西進家門，一臉錯愕，尤其新生賀禮的尿布多箱，堆在她的主臥室門口走道，她看了難受，便開始拆箱，把尿布塞進櫃子，東塞一條，西塞一條。

我慌忙著想跟她解釋，口氣略帶急躁：「我等一下會自己收拾那些尿布。」

她突然如火山爆發，對著我大吼：「妳還真把妳家都搬來啦？好，算我多事了，但我告訴妳，這幾箱尿布擋住我的路了！」隨後，她把幾條尿布狠甩在地上，揚長而去。

那一天，我倔強地忍著脹奶痛楚而不擠不餵，一忍就是七小時，分秒必爭地收拾家當，如果我沒有在當天把一切收納妥當，她只會更加憤怒。

屋簷下的第一個月

也許是照顧嬰兒過於勞累，也許是退休生活突然被我們打擾，每天下班我一開門回家，門把才剛轉開，大門都還沒關上，便聽到母親甩房門回主臥室的聲音，她留下寶寶在客廳，換我接手。

見不著她的人，但甩門透露的不滿，在空氣中迴盪。

屋簷下的第二個月

寶寶白天送托，大幅減輕照顧負擔，開始見著她的人了。

有時她甩門後會累到睡著，有時她會板著臉出房門檢查家裡是否整潔依舊，叮嚀我瓦斯爐要趁熱擦拭、孩子掉在地上的飯粒要用濕抹布用力擦乾淨、出門時拖鞋要放入鞋盒、孩子的用品不要佔用其他空間、不准鋪幼兒大地墊免得擋路、別再餵母奶不然她不知道要抓多少奶量。

拋光石英磚大概是太容易顯髒了，她時常蹲在地上從側面檢視，挑剔我這裡沒擦乾淨、那裡沒用力清理。

有一天，我帶著孩子在她的書房玩耍，她拿著拖地抹布進來，對著我說：「妳不要進來這個房間好不好？妳一直掉頭髮，我擦地很麻煩。」

屋簷下的半年

她甩門、臭臉、挑剔，以上天天重複，而我也沒擺過什麼好臉色。新手媽媽的育兒樂趣，我自然是不曾享受過的，光是應付這些言語與要求，就足以令我窒息。

娘家，一夕之間成了著火的靠山。

＊＊＊

我鮮少向人提起，如此自虐式的搬家，究竟所為何事？

起因特殊，特殊到我也難以輕易啟齒。

我原住處的隔壁鄰居帶著孩子自殺，獨留她先生心碎，也留給我莫名巨大的悲傷，為避免觸景傷情，也依風俗民情迴避，我才帶著必備衣物與育嬰用品，舉家搬回娘家借住一陣。在財務金流的限制下，娘家確實是在「物理上」最快能讓我容身的場域，只是母親在「心理上」無法給予我當下所需要的同理與安慰，感受不到愛與接納的我，著實受傷很深。

有些漫畫家會把女兒回娘家畫得很像廢柴，吃完飯就躺在沙發上看電視，等著媽媽切水果。

不不不，這些都畫錯了，我要是吃完飯躺在沙發上軟爛，很快就會被質問：「碗洗了嗎？桌子擦了嗎？地板清乾淨了嗎？」

身為家教良好的女兒，做這些都是應該的。

後來跟著先生回公婆家，我更認為漫畫家真的是畫反了。

孩子在婆家用餐又掉了一地米飯，我看著被玷汙的木地板發慌，急急忙忙跪在地上猛擦，婆婆見狀走過來，疑惑地對著我說：「媳婦妳在幹麼？為什麼要跪著擦地板？我等一下拿掃把掃掃就好了啊。妳不要跪著擦地喔！」語畢，她去前陽臺拿掃把進來，三兩下就把飯粒掃光。

那個畫面讓我震懾不已，原來陽臺有灰塵的掃把可以拿進來掃餐廳？原來孩子吃飯掉飯粒我不必馬上擦拭？原來我不必因地板髒汙而覺得惶恐？原來我不必為了怕長輩生氣而處處小心謹慎？最恍然大悟的是，我早已被訓練成繃緊的神經，鎖死的發條，隨時可能斷裂。

躺在婆婆家的沙發上，吃著婆婆剛切好的水果，我感受到前所未有的自由不羈，但是這種心情幾乎找不到同溫層。

只有我，與眾不同的孤獨。

屋簷下家的期待

我很喜歡電影《腦筋急轉彎》詮釋大腦的情緒與記憶，十一歲主角萊莉的腦中，有五種表現情緒的模式：快樂、憂傷、厭惡、恐懼和憤怒，她因父親工作轉職而舉家從明尼蘇達州搬遷至舊金山，新居環境與她的期望相去甚遠，又得試圖振作融入新生活，但內心的憂傷卻如排山倒海襲來，導致搬家成了她抑鬱的核心記憶。腦中情緒幾經翻騰，電影的最後萊莉離家出走失敗，回到家哭著向父母承認自己懷念昔日在明尼蘇達州的生活，得到了父母的體諒與安慰，一家人相擁而泣，破涕為笑。情緒歷經悲喜，形成嶄新的家庭核心記憶。

初為人母後又因故舉家搬遷至娘家，我的腦中也上演了如此複雜的情緒，明知應該感謝母親願意支援，我努力強顏歡笑振作，但那都不是真正的快樂。像個遭逢人生巨變的小女孩，每天過得戰戰兢兢、動輒得咎，一股委屈和怨懟的熊熊火焰在我心底燃燒，但我只能拿冰冷的孝與感恩嘗試滅火，那股悶燒的灰燼，嗆得我滿腔瘡疤。我並沒有預期，在人生挫折低潮時，還得把生活細節照顧得處處讓人滿意，自主權盡失，被剝奪感再次襲來，我對母親說話的口氣時而帶著驚嚇恐懼、時而帶著荊棘怒氣，她也不遑多讓地回敬我三分。

每一種情緒都有其存在的價值與意義，我在搬家的轉折中，丟失了我的快樂，正向能量像個洩氣的氣球，萎縮在地。對母親威嚴的恐懼，讓我求得在屋簷下苟且生存，我加以還之厭惡與憤怒，為想被溫柔善待的盼望導航。

衝突中，我想我是忘了好好表現我的憂傷。

憂傷，可以使我們有感同身受的同理心，也能開啟觸角去感受別人的愛與關懷，使得悲傷痛苦過後的快樂更加刻骨銘心。

我能回娘家和母親同住的「幸運」，來自於社會悲劇的「不幸」。幸與不幸，都是我們當下認為的別無選擇。在別無選擇下，我意外地承擔了「在母愛中失戀」，也承擔了對生命輕重的省思。

社會悲劇離我太近了，我有太多的疑惑與不捨，不知往何處宣洩。我期待母親能夠像《腦筋急轉彎》中萊莉的媽媽一樣擁抱我的無助，給予我無條件的包容與接納，但母親只是單純地認為，人生不如意十之八九，再怎樣消沉，生活起居該有的規矩還是得遵守。

如果當時我能在一開始就抱著母親痛哭一場，娓娓訴說我的憂傷與感受，告訴她我同情共感鄰居和孩子的死亡，以及我像萊莉一樣不適應娘家新居的生活，或許我們就能互相傾聽與理解，「家」其實沒有固定的形狀，母女之間的愛，也可能存在於凝結的冷空氣中。

母親在屋簷下用規矩畫成的家，成得了方圓，也成了我探索情緒覺察的敲門磚。

嗨！內在小孩

住在娘家的種種不適，讓我羞於啟齒我的遭遇，深怕被貼上「不孝」與「不知感恩」的標籤，我只能在夜深人靜時，默默舔拭我的傷痛，一舔就是半年。

嘴巴難以開口的話語，全寄託於心理諮商及其他作者的書寫。說來非常慚愧，打從有升學壓力以來，我幾乎沒再讀過教科書以外的「課外書」，若對於人生有任何疑難雜症，母親多半足以扮演足智多謀的角色，回家誠心問事，三言兩語便有了方向與答案，快速又有效果，閱讀對我來說，無疑是大海撈針。

猶記剛踏入職場之時，主管眾多，且每個人個性迥異，有的論事明理、有的情緒激昂，無所適從的我，在各部門間周旋得很疲憊，回家請母親開示，母親一句「順著毛摸，沒事」，勝過書中千言萬語。

當角色置換，輪到我和母親之間有衝突了，我該去找誰問事呢？

藉由書寫認回受傷的自己

無助的雙手，往書海裡撈針，偏偏在那個時空中，不費吹灰之力地撈到了當時的新書《跟家庭的傷說再見》。這根針，不是普通針線的針，而是針灸的針，直落我的死穴，鬆開了我和母親之間的誤會冤結。

封面上那段「不敢說出口的祕密，最需要被聽見」吸引著我的目光，急著翻開扉頁，冀望拋開「家鎖」，讓自己的心靈自由。

作者周志建老師在書中寫了很多有關「故事療癒」的案例，鼓勵讀者說出（或寫出）自己的創傷故事，誠實面對痛苦與傷口，接納自己受傷的情緒，才能把自己「認回來」，勇敢地當「內在小孩」的母親。

這是我第一次認識「內在小孩」這個詞彙，原來，我的內心還住著一個人，一個受傷的小女孩，正是因為她恐懼、驚嚇、憤怒、失落、沮喪、憂傷，才讓我鬱鬱寡歡，而我永遠都有機會施展我的權利，好好保護我的內在小孩。

邊哭邊讀這本書，胸口好悶，我真的敢寫出我的心情與故事嗎？寫完要給母親看嗎？還是默默地刪除算了？

書本看穿我的膽怯，周志建老師繼續寫道：「人之所以活得痛苦不堪，都是因為你不敢面對痛苦與傷口。當你否定痛苦、否定過去時，你就是在否定生命。

「說故事，其實就是在幫助你我『誠實面對自己』。這也是所有的心理治療，最想做的事。

「當你澈澈底底地認回了那個受傷的自己、焦慮的自己、悲傷的自己、憤怒的自己，我們才能為那個自己，找到一個安放的位置。」

有了這本書撐腰，我文思泉湧地寫下成年後給母親的第一篇作文，有別於小時候手寫母親節卡片的雀躍心情，這一次是眼淚沾濕了手機通訊的螢幕。

媽，我的心受傷了。

前天，飢腸轆轆的我，煮麵不小心溢了麵湯，灑了整個瓦斯爐，我好害怕妳生氣，妳可能沒看見，我因為恐懼，已經在發現溢湯的當下冒著被燙傷的危險，急急忙忙用紙把大部分的湯吸乾。我說我會清理的，但妳出門前還是拿起了瓦斯爐上的鐵架提醒我要清理，並責怪我上次的健忘。

那個當下，我覺得自己又被否定，在妳心中，我存在的價值不如一個髒掉的瓦斯爐、不如拋光石英磚上的一根頭髮、不如一片可能被刮壞的窗簾、不如一雙放錯位置的拖鞋。

搬來這裡後，打擾妳的生活，佔用妳的空間，我真的很抱歉，但我也因此極度不快樂，回到家戰戰兢兢，深怕做錯什麼又惹妳生氣不開心。

這半年以來，睡眠障礙糾纏我，生理心理都傷痕累累，做了幾次心理治療，我才發現，原來我脆弱得像個怕闖禍的小女孩，渴望小時候母親的愛與關懷，我難以接受一夕之間我怎麼就不是妳疼愛的寶貝女兒了？我們像小時候那樣的親密，怎麼這麼容易就被新家的起居給磨光了？

這個新房子，搶走了我的母親。

這裡是家也不是家，我像個房客在這裡苟活，得到的回應總是「多心，別太在意」的二度傷害，我只是想勇敢地告訴妳，這些生活上的耳提面命，我受傷很深，那段曾經親密的母女關係一下子變了調，我必須正視這樣的創傷。我想試著了解妳，了解這樣的母親，也勇敢當我自己的母親。

我相信妳不是有意讓我受傷，但是我的心受傷是個事實，我必須接受這個事實才有辦法療傷走出來，為了坦然面對這一切，猶豫許久，我選擇誠實說出來，解救我內心害怕闖禍的小女孩，謝謝妳願意接納那個小女孩，也謝謝妳被迫接受我的誠實，愛妳。

媽，我真的還是很愛妳的喔，我時常複習以前我們的甜蜜回憶：懷孕偷吃泡麵、出國旅遊、跟爸爸玩躲貓貓、做蛋糕、串手鍊，那些我還沒當媽前的回憶，只屬於我們的回憶。

謝謝妳和爸爸幫忙照顧孫子，我希望妳和爸爸能快樂地過退休生活，不要被我們綁住。如果妳想出去上課、跟朋友出去玩，我們都願意配合。我喜歡看見快樂的妳，妳每次上課回來，很有成就感地分享烹飪作品，那個妳神采飛揚，很美、很快樂，我很喜歡，愛妳。

子夜四點，按下送出鍵，沒有人批改的作文，只能倚靠絕處逢生的勇氣。

療癒為親子關係開啟新的可能

清晨五點，螢幕那端顯示已讀。

母親回訊，不改本色地解釋了生活起居應有的規矩與禮貌，苦惱她溝通不擅言詞，又讓我多心，以後還是少說話為妙。她說她還是很愛我的，叮囑我要好好把孩子養育成人，我終究會明白母親的愛，每個階段的成長皆有傷痛，傷會自癒，因為愛。

我哭紅腫了雙眼去上班，日升日落照常運轉，我的內心竟覺得自由踏實許多，上緊的發條突然鬆開，音梳彈奏出如釋重負的眼淚。原來周志建老師說的是真的，如果我們不去認回驚恐的內在小孩，人將一輩子驚恐不安。這篇由情緒導航的作文，無懼世俗的任何批判、教條與標籤，不僅認回了我的內在小孩，也一同認回了我的母親與寬容。

內在小孩在百轉千迴中顯示了已讀，並回訊：「順著毛摸，沒事。」

嗨！初次見面，我的內在小孩。適逢兒子的一歲生日，我和內在小孩初識擁抱，一年內，我彷彿當了兩次母親。

自從摸順了內在小孩的情緒，讓我明白，很多旁人無法感同身受的幽暗，並不是自尋煩惱，也不是無病呻吟，而是內在小孩真的像個受傷的孩子一樣，尚不知宇宙萬物的兼容並蓄，也不懂得跳脫框架讓思考迴路轉彎，迷失在死胡同的孩子，任誰都應該心疼他的傷口。

幾個月後，兒子牙牙學語，已經懂得表現喜怒哀樂；到幾年後，兒子會鬧脾氣了，開始執拗哭泣生悶氣，我的情緒也難免起波瀾，但我早已習得如何安撫內在小孩，看穿表面行為下的情緒密碼——我的密碼與孩子的密碼，讓我及早覺察我們彼此該冷靜梳理。昔日令我驚恐的母女關係，竟為我構築雙向傾聽溝通的母子關係，我反覆細讀那篇寫給母親的作文，內在小孩的眼淚與傷，都綻放著和煦的光。

病裡尋根

自從藉文字故事療癒抒發我的情緒之後，我緊繃已久的身體，也跟著不吐不快，亮起了紅燈。

求醫就診時，我一次收到了三個診斷：反覆陰道炎、睡眠障礙、廣泛性焦慮症。這三病症十分團結，總是三箭齊發，因私處奇癢難耐，夜不成眠，更加焦慮擔憂；或因受失眠所苦，深夜輾轉反側，焦慮感突襲，導致免疫力下降，再發陰道炎。其他置換順序的照樣造句亦說得通。

「那裡」發炎跟身體其他部位發炎不可相提並論，人們可以很輕易地說出腸胃炎、結膜炎、筋膜炎，就是無法大聲嚷嚷陰道炎。菌叢難纏，一纏就是一年半載，別的女人是生理期容易身體不適，我卻只有月事來時，才能讓發炎稍微舒緩，與發炎共舞的每一天，我都在忍耐。

紅腫灼熱，陰部永遠像燙傷，癢起來似萬隻螞蟻齊咬，疼痛時連走路都無法站立，只能盡快回家躺下。好不容易熬到睡前可以塞藥治療了，又因失眠和焦慮症發作，甫將塞劑推入陰道，即把頻尿給喚醒了，藥片隨著地心引力與尿液流入馬桶，療效不敢保證。

婦產科醫師愛莫能助，直說是壓力太大沒睡好，勸說新手媽媽別太緊張，調整生活作息，根除壓力源，提升免疫力便能痊癒。

壓力根源在哪裡呢？工作壓力難免，驟然搬家的壓力也被我燜燒多時，身體歷經長期壓抑與摧殘，斬草除根豈是易事？

一片一片的塞劑反覆在陰道流失，我的健康也隨著孳生的菌叢溶解成糜。

疾病所帶來的祝福與提醒

微弱燈光、喝奶、拍背、趴在我身上、放回嬰兒床，這是兒子的睡眠儀式；而我的睡眠儀式是解尿，躺在床上焦慮來襲，尿意敏感，解尿後才能略感覺放鬆，躺回去一旦睡不著，或好不容易睡著後又驚醒發抖，我就反覆執行睡眠儀式，一個晚上夜尿三次是基本，五次常見，七次也不難。

日復一日，眾人皆睡我獨醒，那種孤獨，令人絕望。

我試過很多讓自己睡著的方法，服藥、夜奶親餵、吃宵夜、頭撞牆、改變飲食、運動、晒太陽，效果皆短暫且緩慢，焦慮失眠的恐慌依舊如汩汩暗流將我往下拽。

父親在夜裡發現我獨坐在客廳，不發一語，他若無其事地在家四處走動、開冰箱、喝水、解尿、回房睡覺，連著幾天他都有這些假裝的「夜醒症狀」，父親不善言詞，甚少開口，我知道他只是起床看看我是否安好，對比母親慣性的喋喋指令，父親沉默的關心，竟讓我覺得充滿愛意。

我將中醫師那兒帶回的飲食建議書貼在牆上，我偷看到母親也佇立在牆前閱讀，從此她對我的起居不再處處苛求，她隨之更改烹調食材，忌冰冷炸辣甜，把所有的尖銳話語都幻化成一桌溫熱食物。

按照中醫師醫囑，廣泛性焦慮症患者最需要的就是放慢腳步，好好生活，把握當下，盡量無憂無慮且無懼，不能再把行程安排太過緊湊、太有壓力。

仔細回想過往，我的升學、就業、交友、婚姻都如此用盡全力展現優異，凡事追求目標、速度與效率，不能輕易鬆懈，一切按照期待發展，根本不懂得過慢活又樂活的日子，更何況我的外表看起來依舊樂觀開朗，誰會相信我病了？

我在《練習不焦慮的生活》重新認識了焦慮症，作者麥可．葛羅斯（Michael Grose）和裘蒂．李察森（Dr. Jodi Richardson）指出，焦慮會引發大腦產生「戰或逃」反應，對焦慮症患者來說，當威脅、危險或充滿壓力的情況解除後，焦慮並不會隨之結束。要求焦慮症的人「不要擔心」並沒有用，因為焦慮症患者腦中有很多想法，可能聚焦於過去，也可能預期未來，注意力四散，不在當下，也會對於自己的想法感到困惑與不堪，要讓焦慮症患者覺得安心且能夠與信賴之人分享想法，最重要的條件就是願意傾聽的雙耳，與充滿同理心的回應。

這足以解釋，為什麼在我遭逢變故驟然搬進娘家時，無論母親要我打起精神振作、每天雕琢生活起居規矩，或是要我不要想太多，都是無效的舉動，因為當時的她急於解決問題，忽略了我的感受；而我也因焦慮恐慌發作，啟動了大腦「戰或逃」的反應，全身荊棘，如刺蝟般呈現備戰狀態。

我怪罪母親的無情，也苛責自己的心理素質不夠強健，但成長的過程當中，我們頭痛醫頭，腳痛醫腳，從來沒注意過心理也會生病，更是無知過度的負面情緒會在身體落下病根。三十年來，我第一次當內在小孩的母親，而我的母親，也是第一次面對身心生病的女兒。

如果是輕微的擔憂，也許稍微幾句安慰便能事過境遷，但偏偏我的反覆陰道炎、睡眠障礙和廣泛性焦慮症已經嚴重地影響了日常生活，有憂鬱風險，想不正視也難。

適當運動、晒太陽，配合中醫調理，沒有了甜點、炸物、辣食、冰品、大白菜、白蘿蔔、瓜類、水果等涼寒食物的日子，父親母親想盡辦法用其他食材取代，全家跟著我一起改變飲食，我們從餐桌開始重新接納彼此。

我突然覺得我的確很需要這些病痛發作，才能讓父母停下來，認知到我也是會失序的凡人，並安安靜靜不帶批判教條地看顧著我，給我時間和空間喘息，而我也才有機會藉由疾病重新認識自己的身心靈。

學習寬恕，找到寬恕的對象

影響五千萬人的療癒經典著作《創造生命的奇蹟》，作者露易絲・賀

（Louise L. Hay）認為，外顯疾病的成因，多半源自於內心的根源情緒：恐懼或憤怒，而不願寬恕與不信任生命的心態，就是讓疾病得以持續警鈴大作，直到我們願意改變思維為止。

作者甚至整理了身心療癒表格，將大部分的疾病對應可能的心理成因，再提供新思維的建議，只要改變想法，愛自己、肯定自己，就會改變外在結果。

我查了一下婦科發炎、焦慮症與睡眠障礙可能的心理成因，竟通通收斂成單一的根源方向：自我懲罰、恐懼、悔恨、充滿挫折感與憤怒、拒絕放下過去、不信任生命流動的過程。

利用文字敘事與母親大破大立，我想我是充分宣洩情緒並願意放下了，但總覺得內心有個傷口，隱隱作痛，我似乎不太清楚那病灶根源還能來自於什麼？

露易絲．賀有一段話令我為之動容：「所有的疾病，皆源自於不願意寬恕的心態，每當生病時，我們就必須向內探求自己到底需要寬恕誰。

「你最難原諒的那個人，其實就是你最需要放下的人。寬恕，即是捨棄、放下之意，它與原諒某個錯誤的行為無關，純粹只是讓整件事情過去。

「我們都深知自己的痛苦，卻很少人了解到，那些最需要我們寬恕的人，其實也處在痛苦之中。我們必須明白當時他們已經以自己全部的理解、覺知和知識，盡了最大的努力了。」

我想，那個人就是我，我無法寬恕我自己，一時之間我也放不下，有些事情我還過不去，尤其我又想起了鄰居和她的孩子，他們選擇離開而留給我莫名巨大的悲傷，竟在我心中扎下了深深的根。

五味雜陳的母親節

母親至今仍時常提起，兒子出生的那年，我們一起度過了一個甜蜜的母親節。

那一天，我將兒子送托後，北上與父母團聚，那是我第一次以晉升的身分，宴請我的母親。位於仁愛圓環的西餐廳，是兒時爺爺帶全家三代聚餐的高級館子，柔軟的地毯、金黃的燭光、用心的料理，幾十年都沒變，變的是爺爺仙去，我也從當年稚嫩的小女孩，成了能跟母親一起歡慶五月的新手媽媽。

我們聊了許多在異地育兒的酸甜苦辣，母親也回憶了我兒時的糗事，最糗的莫過於，每次來這間西餐廳，席間用餐一半，我總是想要如廁，母親只好放下美食，到廁所陪我蹲坐，真是「五味雜陳」的西餐體驗。閒聊至此，我們彎腰笑得肚子痛，兩個當母親的女人，說著相隔三十年的媽媽經，用餐完畢後互道珍重，相約下次有空再回娘家聚首。

誰知互道珍重後，再重逢已是身心受創，五味雜陳的不是只有食事，還有萬分悲慟的社會時事。

平靜生活自此一去不返

回程途中，先生突然傳訊，囑咐我下了車別直接回家，社區出了點事。我追問先生，出什麼事了？火災？瓦斯外洩？竊盜？社區還能出什麼事，隱晦到不能在訊息明說？

不放心的我，至托嬰中心接了兒子後，還是直奔回社區，便看見警消救護車環繞，氣氛緊張肅穆，沒有人願意談論究竟發生何事。我慌亂地進了家門，即使將大門緊閉，依然能聽見隔壁家屬歇斯底里的尖叫與撕心裂肺的哭吼。

我緊緊抱著即將滿四個月的兒子，瑟瑟發抖我的驚恐。不必等新聞快報，我都聽見了，這個世界，永遠失去他們了。

幾面之緣的鄰居，她在母親節前夕親手斷送三條生命，我的內心深陷極度的憂傷，完全想不明白為什麼我才剛升格為母親，就有另一位母親帶著年幼的孩子辭世，為母的路上到底有什麼險阻，竟會讓人走上絕路？到底是多大的絕望，才可以有這種「決心」？

人倫悲劇不再是電視新聞轉臺而已，它是我親眼所見、親耳所聞的遺憾，雖與我非親非故，我卻近身同情共感，甚至為此痛徹心扉許久。

「如果」以及「沒有如果」

維基百科：「蝴蝶效應」是連鎖效應的其中一種，其意思即一件表面上看來毫無關係、非常微小的事情，可能帶來巨大的改變。此效應說明事物發展的結果，對初始條件具有極為敏感的依賴性，初始條件的改變，將會引起結果的極大差異。

如果我多關心鄰里，她是不是就不會想不開？如果我早一點發現異狀，是不是就可以提供資源協助？如果我多多行善、關心社會，是不是就可以避免憾事發生？一路順利升學就業，卻漠不關心社會議題與心靈健康，導致蝴蝶效應的源頭不夠良善，我覺得我這個陌生人也難辭其咎。

事情來得太突然，對生命的感慨，敲醒的是我的善良與同理心。同理心高漲到過於敏感，大腦啟動了感覺痛苦的迴路，讓我陷入了無法自拔的沮喪情緒中，這正是心理學所謂「同理苦惱」（empathy distress）的現象，也是我日後病根的來源之一。

爾後，類似的事件成了我心中刺，我特別害怕身邊的人想自殺，社會悲劇層出不窮，我不敢再接觸任何新聞報導，以免誘發替代性創傷（vicarious trauma）。我和先生立下了山盟海誓，無論人生有多困苦，我們都絕對不能走上這條路。我雖不認同生命的一了百了，但當我深受疾病與生活壓力所苦時，絕望的時刻，我卻突然理解了那種想放棄的無助與無奈。

一年三百六十五天，我最想躲起來的一天，就是母親節。這天強力播放母愛的偉大，使我崩潰，我們一點都不偉大，我們只是有人幸運地活下來而已，母親節也不總是快樂的，每年五月都參雜著我的大喜與大悲。

假如時光倒流，我當然希望遺憾不要發生，我是不是就能把那一天鎖在我與母親開心吃西餐的記憶；假如重新來過，我選擇觸景傷情留在原地，我是不是就不必經歷驟然搬進娘家與母親的相愛相殺？

假設語氣是文學上最無情的修辭，我永遠不知道答案。

我只知道，這個在我心中埋藏多年的瘡疤，是我願意正視情緒保健與心靈素養的濫觴，我將帶著這份五味雜陳的初衷，用我真誠的文字與生命經驗分享，為社會編織一張溫暖柔韌的安全網，綿薄之力微不足道，卻盼蝴蝶效應再次為此善良振翅。

房子再見

我的記憶，時常被鎖在出事的那一天，從此一刀兩斷，分為搬家前和搬家後。

計畫、規劃，總趕不上變化

搬家後

幾乎只留下衣物和育嬰用品，這些僅有的家當，要先詢問過母親，才能將它們安頓，我不再是房子的主人，無權佈置適合嬰幼兒的家中環境。

我原先屬意約兩百公分寬的大塊軟墊，可以讓寶寶自由爬行探索，軟墊一體成型無隙縫，日後好清潔消毒，母親卻認為大塊軟墊霸佔家中公共空間，也不願挪移茶几位置，只丟給我們幾塊塑膠巧拼，她說寶寶趴在這兒就可以了。

三十公分乘以三十公分的巧拼，十二片真是剛好，兒子趴在上面，好像磁磚汪洋上的孤島。

搬家前

從兩人世界過渡到一家三口，家中物品暴增，嬰兒床、消毒鍋、餐搖椅、健力架、澡盆、成箱尿布、嬰幼兒衣物、奶瓶、奶粉、揹巾，都得挪出位子擺放。為了迎接這些新增的物品，我將櫥櫃中的舊物斷捨離了一些，重新收納配置妥當。

兒子的嬰兒床放在主臥室與我們同房，我暗自開始設計隔壁的次臥，木地板已經鋪好了，小型四斗櫃也已備妥，打算再買張北歐風的坐臥兩用床，可以當窗邊臥榻、可以就寢、層板拉出來還可以擴充為雙人床、下方抽屜又可以收納。

等到兒子能夠獨睡時，次臥就是他的小空間，坐臥兩用床拉開加大時，可以睡得下兩個小孩，加上一個大人陪睡也不擁擠，到時候如果有弟弟妹妹，還能先撐到上小學，再來打算換房。

我真不愧是計畫高手，人算不如天算，天算不如我算。

心的歸屬就是家

搬家後

朋友熱切詢問，何時可以來探望寶寶？我們回答，最近住在娘家，怕叨擾長輩，不太方便來家中走動，不如就改天再約吧。

雖然是娘家，但仍有寄人籬下之感，平日工作疲累，假日想在家休息也不太自在，反而奢望能夠度假旅行，至少飯店經理肯定是歡迎我們下榻。

新竹、苗栗、桃園、宜蘭、日本，所有方便帶著嬰兒去旅行住宿的地方我們都去了，時不時就得泡奶、換尿布、餵奶、消毒奶瓶，我們到處評比哪裡最親善母嬰，幾乎每一家飯店都令人有賓至如歸的感覺。

住飯店就像回到自己的家，若坐若臥都隨便。

搬家前

嬰兒會哭會笑，先生出門上班後，只剩下我和兒子四目對望，我時常抱著他在家中到處走動，對著他自言自語，帶他認識我們的家。

由大門入內有個玄關，玄關右側配置系統淺櫃可收納鞋子衣帽；為擋落地窗的穿堂煞，設計師特地在玄關底做了個玻璃壓花屏風，頂天立地，透光又兼顧風水；玄關左側有個迷你的餐廳吧檯，我們都在此用餐小酌，不太確定幼兒餐椅是否能配合吧檯高度；餐廳旁是乾濕分離的浴室，裝有暖風機，冬天幫嬰兒洗澡也不怕著涼。

每次介紹於此，兒子都非常安靜專注，他似乎喜歡玄關和浴室的回音共鳴。

主臥室空間夠大，即使放了嬰兒床還很寬敞，偌大的衣櫃旁有個多功能書櫃與抽屜櫃，我時常坐在那兒化妝擠奶；次臥的自然採光極好，白天不必開燈都很明亮，橡木色的木地板更是襯托這個空間輕巧；廚房呈現一字形，來回走動方便，午餐為求快速省時，我會煮點水餃和麵食，兒子則斜躺在餐搖椅上，從廚房門口看顧著我。

陽臺上晒著以前不曾有過的包屁衣、紗布毛巾、包巾和小棉被，從陽臺望出去，是一條長長的綠園道；我坐在客廳沙發上，讀著育兒書籍，試圖研究嬰兒的各種哭聲，到底是餓了？累了？還是不舒服？哭聲聽起來好像都一樣。

兩房一廳的格局，白天只有我們母子二人，一開始我實在搞不定他的奶量和睡眠，好在大約四個月時，一切皆漸入佳境。

很幸運的，社區樓下有一間托嬰中心，好不容易等到了名額，兒子才送托兩天，我們就搬家了。

搬家的那一天，托嬰老師說她能明白我們離開的原因，我們付的訂金，剛好是這兩天的托育費用和為兒子製作的姓名貼紙，聯絡簿和嬰兒作息紀錄表我們都能帶走，揮揮手和托嬰中心告別，謝謝老師這兩天的照顧。

緣分很淺，說再見的時間也很短暫。

緣分再短也要好好說再見

搬家後

我真的很想念那個窗明几淨的房子，我在那裡新婚，度過美好的兩人世界，後來孕育了兒子，又克服了新手媽媽的手忙腳亂，房子裝載了我所有美好的回憶，只不過回憶的句點帶有濃濃的悲傷。

每周回診就醫，狀況時好時壞，醫生問我到底有什麼憂思鬱結的事情尚未處理？在診間，我想起鄰居、想起母親、想起我的內在小孩，這些起起伏伏的情緒應該都處理好了吧，真的不知道還有什麼事情能再燒了心火？

有一天，陪兒子共讀繪本《房子，再見》，故事中的小熊搬家時將所有物品打包上貨車，卻覺得遺忘了什麼東西，急著再跑回屋裡尋找。房子空空蕩蕩，只剩下回憶，熊爸爸抱著小熊，逐一跟房子裡的每一個角落說再見。

讀著讀著，我聲淚俱下，搬家前房子的所有回憶湧上心頭，我從來不知道自己的情感如此豐沛，若有所失地與空間纏綿。當時事發突然，我走得匆忙，有些東西帶走了，有些東西賣掉了，過去的點滴永存我心，但我想我是忘了和當時的房子好好道別。

兒子靜靜地看著我，摸摸我的頭，拿衛生紙替我拭淚，先生播放房屋仲介為我們留存的七百二十度互動看屋影片，我就這樣像個瘋婆娘似的，一邊大哭，一邊對著螢幕，跟房子的每一個角落正式說再見。

很多人事物都是如此，不是來了新的就能忘了舊的，面對新環境、新挑戰之前，除了保護回憶，我們還必須好好地跟過去道別，即使說再見的方式有點戲劇化，但我終究還是完成了人生的重要儀式。

房子，再見；過去，再見。

輯二——

在低谷探光

分家。新家

將舊房子打掃乾淨，連同回憶一起打包，加加減減賣了個遠低於市價的價錢。也許是回憶太沉重了吧，得讓我們用金錢來交換，和生命閱歷談錢太傷感情，舊房子和回憶在我的心中，永遠無價。

然而戶政庶務卻是現實的，沒了房子，我們一家三口的戶籍頓失著落，學區重新遷移，孩子將來的就學考量成了心頭大患。

臺灣少子化問題至少喊了十年，這年頭願意生養孩子的人可說是非常稀有，但無論我搬家前還是搬家後，我居住的地區都是「生意盎然」，也許是房價物價比市中心稍低，生活水準也尚能維持品質，年輕夫妻比較敢生育，學齡前托育機構和國民小學都在蓬勃興建中。

居住在沒有少子化問題的區域，幼兒園名額得用搶的，小學入學還得比拚房屋權狀和入籍日期。有鑑於此，我有意盡早將戶籍遷入娘家新居，以備日後作為入學判斷；然而，母親卻不願意我們將戶籍遷入此地，她讓我和兒子遷回娘家舊居，先生遷回夫家，我們一家三口並不在同一張戶口名簿上。

為了複製我的教育資源，母親甚至認為我們可以去娘家舊居附近的市中心租房子，讓兒子當我的學弟，就讀老字號的明星學校。在她的認知中，父母栽培孩子天經地義，金錢得優先投資於教育，栽培可不計成本。

母親這番提議，令我陷入時光的漩渦。

堪稱順遂的人生前半場

小學一年級榮獲模範生獎盃，品學兼優；三年級寫字龍飛鳳舞、學習散漫，每天挨罵罰寫，總算字跡工整，功課再度名列前茅。除了智育之外，音樂藝術薰陶皆有涉獵，鋼琴、繪畫、合唱和棋藝樣樣不精通，但好歹還算有點氣質。

國中日漸艱難的學業令人難以招架，母親替我打聽最優質的補習師資。斬斷情竇初開的愛戀，考上明星高中成了指標盼望。人外有人，天外有天，高中同學們個個天賦異稟、身懷絕技，我僅是名校裡的平凡普通人，只能安慰自己不要吊車尾就好。

大學放榜，分數與國立頂尖大學失之交臂。母親建議選填私立大學商學院，再加修產業學程，課餘時間甚至暗中為我安排國際社團與跨校活動，鼓勵我報考眾多證照添金，豐富了大學的在校資歷，四年後我又金榜題名研究所。

攻讀碩士期間，避開了金融海嘯的低迷，過去所有努力累積收成，畢業即就業，我進入了應屆畢業生夢寐以求的知名外商工作。工作幾年後，當身邊的人還在為愛情而尋尋覓覓失魂落魄時，母親對未來女婿設下萬千關卡，確認先生值得終身託付，我才得以在適婚年齡步入了婚姻，離開娘家在異地開啟少婦生活，又趕在適產年齡生下了第一胎。

疼惜女兒，母親為我事事打點，看來我循規蹈矩的計畫能力也其來有自。

母親當然對我栽培有加，對各方面人事物也有獨到見解，更預想到我兒子未來的教育，可謂煞費苦心。她在江湖走跳一甲子，人生閱歷比我豐富，一直到我為人母都還能與我論事給建議，堪稱是位與時俱進的長輩，實屬不易。

反過來想，若我凡事不多做研究就全盤聽從母親的建議，身為一個成年人，我獨立思考的能力是否堪慮堪憂？母親的意見可聽，但我總不能像個媽寶，僅以母親的話為依歸。

我何時才能正式與母親分家，獨立為自己的未來思考盤算？時光漩渦暗潮洶湧，捲得我差點溺斃，我對於人生自主決策能力感到羞愧且無地自容。

也許是我一路順遂成長了三十載，母親對於她的判斷能力充滿絕對的自信，而我也因此認為自己的想法無用武之地，凡是忤逆母親的決定，終究會是個錯誤，但這一切積極與消極都必須到此為止，不然我和母親之間的權力關係永遠不對等。

保持適度的距離更美好

輪到我正式宣告「三十而立」了，我偏激地想著，如果我能在此地有一個新家，那麼我將不再與母親在同一個屋簷下生活，我們一家三口的戶政也能在戶口名簿上團圓，孩子的就學與戶籍問題便能迎刃而解。

於是我告訴母親，研究了此地的學區，我相信好學校、好老師無所不在，豐富的教育資源不限於市中心，成績掛帥的體制逐漸翻轉中，家庭教育是重要的根本，感恩母親養育我成人，帶著母親栽培我的養分，以及我這一遭情緒覺察、人生覺醒的經歷，我有信心為孩子灌溉強健的心理素質，去面對變化多端的未來。更何況時代更迭快速，現代的教育環境早已不能與三十年前同日而語。

入籍的日子，每天都在倒數拉警報。身心失衡時雖然病痛纏身，但好在沒有影響從小到大謹慎消費與勤勉儲蓄的體質，尋尋覓覓了整整一年，清空銀行戶頭大部分的存款，終於找到了落腳處。

新家和娘家就在同一條街上，含飴弄孫的天倫之樂只是增添了一點唯美的距離。入厝的第一天，我們邀請親友到新家吃湯圓，最最不能怠慢的就是幫我們成交的房仲業務，母親笑著問他，這對年輕夫妻看房看了這麼久，東挑西選的，時隔一年才真正成交，可曾懷疑過這組客人是來詐騙？

房仲業務爽朗客氣，直說為客戶挑選適合的房子是應該的。我看著新家客廳開闊的穿堂煞、陽臺外尚未動工的空地（將來肯定會有壁刀）、主臥床頭淺淺的壓梁、以及偏對次臥的客浴，我知道挑剔風水的母親，從來就不會看上眼，更不會同意我們購屋，但這次她卻說：「人品端正，住哪兒都是風水寶地，妳這個新家，看起來真像個樣子。」

母親像朵拔刺的玫瑰，說著鏗鏘有力卻又溫柔的話語，在新家與我分家；而我也不再是溫室的花朵，從母親肥沃的土壤中分家，在新家的陽光空氣中，吐納屬於我自己的獨立與成熟。

時間慢走

病痛纏身的那陣子，我時常探問：我活著究竟在追求什麼？乖乖念書升學，畢業工作賺錢，結婚成家把孩子養育成人，善盡家庭責任後退休養老，花甲遲暮時找個興趣打發時間，過著閒雲野鶴的生活，最後但求身體健康、善終極樂。

人生這一路上，可曾駐足欣賞身旁的風景？

求學時請假怕跟不上學業，上班時休假怕耽誤了工作進度，造成同事的麻煩，我把青春交付予時代的巨輪，不好意思按下暫停鍵，休息成了一種奢侈。

高速的生活需要停下來的勇氣

每天上下班通勤時間超過兩小時，沒人知道我的私處無時無刻都在癢痛灼熱；白天開會時激昂亢奮，沒人知道其實我每宿都夜不成眠；失序巨變餘波盪漾，我偽裝一貫的樂觀開朗，沒人知道我正在壓抑內心那頭險惡的焦慮猛獸。

我的時間，用來工作、育兒、通勤、治病，像隻倉鼠踩著轉輪，跑得好快好快，終究只在原地。

一回首，我發現兒子已經不是襁褓中的小嬰兒了，我在鬱鬱寡歡中陪著他長牙、吃副食品、搖擺學步、牙牙學語……孩子成長之快速，可把大人都給催老了，父母也不再是我記憶中精明幹練的模樣。

珍惜和家人相處的時光，用心體驗生活中的幸福感，必須把握當下；暫別職涯的線性發展，停下來休養生息，多花時間打理自己、陪伴家人和孩子，會是一個被認同的選項嗎？

很多人會擔心職涯發展中若有一段空白，未來將很難銜接回原工作崗位，尤其是女性，一旦選擇了離開（或暫離）職場，便容易被貼上「野心不足、以家庭為重」的歧視標籤。

有關於家庭與職場之間的拉扯，《未竟之業：為何我們無法兼顧所有？》提供了發人省思的觀點，作者安．瑪莉．史勞特（Anne-Marie Slaughter）在書中點破盲點，只有當我們擁有強大的後援系統，滿足照護家人孩子的需求，同時在工作環境也擁有相當大的彈性時，才有辦法在職涯挺身而進。然而，我們活在一個「以家庭為優先不應該」的體制，工作與社會結構使然，讓暫離職場的婦女回到職場後，不比一直留在職場奮鬥的人擁有更多的機會。

作者呼籲，我們應當反思「照顧」的價值，這並不是媽媽專屬的權利義務，而是每個人都可能有照顧家庭、照顧孩子、照顧老人、照顧社區的迫切需求，打造讓工作者無後顧之憂的職場環境，是這個世界的未竟之業。在我看來，「照顧自己」也應該要是一個被眾人重視的課題，如果每個人都能把自己的身心優先照顧好，為自己負起責任，集體的覺知能量將會有所提升，這也是個人素養的未竟之業。

停下來休息是為了走更長遠的路，公司待我不薄，核准我的育嬰留停申請，我將手上的工作全數交接出去。我沒有多餘的心思去臆測職涯走向，若我真想兼顧所有，前提是留得青山在，不怕沒柴燒。疾病使我謙卑，讓我懂得停下腳步，專注於自己與親愛的家人，不再把工作績效與成就握在手心上。沒了身心健康，手裡握的僅是虛空。

愛，走慢了我的時間

每周中醫回診，醫生說孕期懷胎九個月，母體有很大的變化，產後也需要至少九個月的時間慢慢恢復，急不得。同理，身體歷經長年高速運轉的摧殘，若期望短短幾個月就能恢復正常，豈不是痴心妄想？醫囑特別叮嚀愛惜身體，按時服藥，飲食忌冰冷炸辣甜，中醫講求慢慢來，調理身體需要很長一段時間。

為了重新和自己的身體好好相處，讓全身都能盡情舒展，我報名了講求身心平衡的瑜伽課。距離上一次做瑜伽，大約相隔十幾年吧，我以為我能像以前一樣柔軟拉筋，誰知我僵硬得像顆石頭，下犬式踩不到地板、三角式整個人都在發抖、前彎摸不到腳趾、頭倒立更是讓我驚恐到在課堂上尖叫。一堂課將近兩小時，回家後我足足痠痛了一個禮拜，老師感覺得到我內心有些負面能量未消，身體經年累月緊繃，叮囑我好好愛自己，給自己一點時間，慢慢就會建立核心力量，身體也會漸漸放鬆伸展。

愛，大家都叫我先愛自己；

慢，大家都叫我慢慢來；

時間，大家都說好好生活需要時間。

不必趕著上班下班，沒了工作待辦事項，我每天都有大把時間可以揮霍：兒子的成長錯過不會重來，我們享受親子共讀時光、玩玩具、做餅乾、去公園跑跳，任何小事都值得紀念；和母親一起報名烘焙課、料理課，在寬闊的廚房工作檯上，共享美食的溫度，讓愛發酵，母女關係重修舊好；先生帶我和兒子赴日旅遊散心，名古屋的樂高樂園，奇幻冒險把我也變成了瘋狂嬉戲的兒童。

當時間用來「揮灑」而不是用來「趕快」，我覺得自己是幸福的時間富翁，陪伴家人又看顧自己的日子，讓我重新學習把握當下。

順應自然，放手慢慢來

江山易改，本性難移，喜愛計畫與控制的我，把新家的輕裝修當成浮木，在適應輕鬆愜意之餘，還時時跑去新家監工，看看師傅們都在忙些什麼。新家的座向偏西南，午後陽光灑滿整間客廳，俗稱西晒，但我卻喜歡這般熱烈的光明，照亮我不確定的未來。

主臥室床頭牆面需重新貼皮，木工師傅慢工出細活，仔細切割每一片木材，不疾不徐地雕琢每一道工序，原本生鏽又過時的金屬暗色牆面，幾周後變成簡約素雅的白橡木色。

室內設計師和我相約下午三點在新家碰面，說是烤漆玻璃師傅大約半小時即可將烤漆玻璃安裝完成，替廚房原本老氣的白色磁磚換上新裝。我好奇是什麼樣的工法可以如此迅速安裝，便盯著師傅看了半小時，也不見他裝上任何一塊烤漆玻璃，師傅滿頭大汗，大概不習慣被客戶直視的壓力，我於是決定放手不再緊盯。

出門閒晃沒多久，回程繞回新家關切一下裝修進度，師傅早已完工打包離開，看來室內設計師口中的「半小時」，只是在考驗我對於時間是否還有執念。

我站在廚房，看著烤漆玻璃與矽膠完美結合，牢牢地站在牆面上，淺綠色的反光，把我的身影映射得好稀薄，那種看不清楚的感覺，彷彿在教我放下對時間效率的執著，鬆綁控制速度的偏拗，雖然感覺不到凡事都在我的掌握中，但萬事萬物終究能發展成最好的安排。

解密兒子

摩羯座的兒子，幼時個性十分謹慎，慢熱又膽小怕生，秩序感強烈，不喜變動，參與任何團體活動都要在旁觀察許久，時常一堂課都要結束了，他才開始融入。無論生活計畫、旅遊行程或是學習步驟，凡事都得預先向他告知說明，才能給他足夠的安全感，讓他的心安定下來。

此外，他的觀察力和記憶力也十分驚人。他最愛的小汽車，一輛都不能少，綠色小客車、藍色水泥車、黃色垃圾車、紅色挖土機，還有各式各樣的車種，要是弄丟了其中一輛，秩序感即被摧毀，那可是天崩地裂的失序。

這種性格也有些好處，進入大賣場前，只要先說一句「今天沒有要買玩具喔」，離開時絕對全身而退，沒有失控躺地板的戲碼；各式垃圾零食點心當前，只要先說一句「小朋友不能吃這些喔」，他也從來不會一哭二鬧三吃掉。

他像極了一組程式碼，只要事先輸入規則，程式運算掌控得宜，多半都能事事順心。

當機的秩序感

為了讓兒子能適應新家起居，房子還在整修清理階段，我時常帶著他到新家走動，讓他在客廳看書玩玩具，也帶他認識自己睡覺的房間，我們一起挑選睡衣和寢具，把房間佈置得簡約又富有童趣。

我原以為，住進新家後，過去所有包袱一筆勾銷，像重新程式化電腦一樣，開機即可過著海闊天空的日子，但沒想到事先輸入規則的程式碼卻頻頻當機，和我想像的高枕無憂差異極大。

入夜，即使我們已經預先告知兒子就寢時間，並執行固定的睡眠儀式，然而他總是在躺下的那一刻功虧一簣，無法入睡。

我曾求助於其他有經驗的父母，舉凡強化睡眠儀式、嬰幼兒按摩、晚餐吃飽一點、白天多晒太陽、每天多運動，甚至是不要午睡或縮短午睡時間，這些招式全部都宣告無效。

床邊時光不再溫馨，我看著這組當機的程式碼，陷入沉思。

我觀察兒子睡前的**外在行為**：在床墊踱步、一直要喝奶、喝完還要再喝、不停呼叫每一輛玩具車、想離開房間去客廳、不准我們關燈、一直說要看書、一本接著一本，以上需求，只要達成其中一項就會產生新的需求，並且哭鬧不休。

有了之前覺察自己內在小孩情緒的經驗，我大膽猜測兒子的**心理情緒**是：恐懼、焦慮、不安、害怕、慌張。

從脫序的行為中挖掘到可能的情緒後，我有了更清晰的假設：他不是不想睡覺，他是害怕睡覺，所以每一回合的需求都是在拖延睡覺。

究竟是什麼原因讓他如此恐懼睡眠呢？

我想起了那些曾經。

互相傳染的睡眠焦慮

這些情緒我也曾有過，尤其當夜不成眠的孤寂感襲來時，我強迫自己重複解尿，雖然沒有吵醒他人，但空氣裡都瀰漫著我的焦慮不安。病況嚴重時，我也曾在夜裡嘶吼暴怒，對自己和兒子動粗，糟糕的是，我還是個母乳哺育者，母乳裡含有多少情緒毒素，我簡直不敢想像。

我在人生失序時養育兒子的零歲到兩歲，他所接收的語言與能量，負面大於正面，他從小的焦慮不安是被我傳染的，他被觸發的睡眠恐懼又再次傳染給我，形成斬不斷的惡性循環。

失控的夜裡，他越是不睡覺，就越觸發我的焦慮，我用怒氣與狂吼發洩我的無助，有幾次甚至把他罵到睡著。發完脾氣的我，充滿愧疚與懊悔，但誰又能來體諒我的病痛？我禁不起任何一點失眠，兒子入睡困難，與我的身心病糾纏不清，互相干擾，兩敗俱傷。

說穿了，是我把自己失眠的情緒，投射在兒子難以入睡的行為上，只要他不乖乖睡覺，我就生氣，就算發脾氣責罵，也無法解決任何根本的問題，反而讓他更害怕睡覺了。

解開情緒密碼之謎

鑑往知來，直視內心的黑洞，勇敢面對黑歷史，才能開創全新的局面。程式碼不會永遠當機，破裂的關係需要修補，解鈴還須繫鈴人，破解程式錯誤（Bug）的工程師非我莫屬，令我意外的是，解碼的攻略並不是教養書，而是一本身心靈著作《遇見未知的自己》。

作者張德芬提到「胜肽」的概念，簡而言之，重複的情緒模式（諸如一直感覺生氣、悲傷）會讓大腦神經細胞之間產生長期且固定的關係網絡，當某種情緒感受來臨時，下丘腦會產生化學物質「胜肽」，由血液傳送到細胞，久而久之身體被某種「胜肽」餵養，進而繼續利用各種理由產生情緒，重複製造「胜肽」來滿足細胞的飢餓感。例如：我對兒子的睡眠障礙感到憤怒、對自己的失眠感到恐懼，我的細胞會讓我產生憤怒與恐懼「胜肽」的生理需求，讓我每到了就寢時間就一直想要發脾氣，形成重複的情緒模式。

有天睡前，當兒子又在焦慮不安的時候，我緊緊抱著他，問他說：「你是不是害怕睡覺？你覺得睡覺媽咪就會生氣，對不對？

「媽咪很鄭重地跟你道歉，對不起，媽咪錯了，媽咪不應該兇你。

「但媽咪也需要你的體諒，醫生建議媽咪必須改善睡眠品質，睡得好身體才會好起來。

「媽咪答應你，我們一起度過目前的睡眠障礙，以後不會再為了睡覺的事而兇你了，因為媽咪再也不需要那種憤怒恐懼的情緒來餵養自己的神經系統了！」

無論他是否真的能聽懂，我真心想表達我的懺悔、同理、盼望與決心。屆滿兩歲的他，從焦躁中漸漸安穩下來，靜靜地聽我告解，他雖還不會完整回話，但他的鎮定彷彿在肯定我的說詞。

父母的道歉值千金重，孩子的原諒只要一瞬間。

這番告解十分神奇，一個禮拜之內，兒子提早安心入睡了，所有睡前的負面情緒煙消雲散，如果他又因焦慮不安而哭泣，我都抱著他一起度過情緒風暴，擺脫負面經驗制約，勇敢安定自己的內心，毫不動怒。

惡性循環的程式亂象被斬斷了，兒子的身心恢復得很快，睡眠越來越穩定，甚至可以獨睡，他的世界又恢復了安全感與秩序感，而我也漸漸能駕馭因失眠而起的煩惱心。從此我便明白了他的「睡前程式碼」，只要睡不著一定有原因，絕對不是表面的不聽話或不守規矩，我們必須好好聊聊心事，解開情緒謎題，彼此的睡眠才有品質。

親子之間血濃於水，關係親近且互動密切，能量更是容易互相影響，孩子的情緒與行為，事出必有因，就看有沒有找對方向，勇敢剖析真正的癥結點。懷孕生產以來，我覺得那些哺乳和把屎把尿都不是最辛苦的，最煎熬的是孩子把我內心的情緒密碼映射得無所遁形，這個天大的難題不解，親子關係注定互相傷害。任何親密關係，雙方都要擁有穩定的情緒與同理，這絕對不是一件容易的事，卻值得我持續省思與努力。

感恩兒子小小年紀就成為我的人生導師，他用一場焦慮苦痛的睡眠當機，讓我學到了這麼多科學知識，理解了親子之間錯綜複雜的情緒糾葛。他也讓我了解到，我就是孩子的原生家庭，只要我的心理有韌性，願意抽絲剝繭情緒感受，並誠心面對自己的課題，我便能為他打造一個溫柔又安定的避風港。

我比兒子虛長三十歲，但他的靈魂卻比我有智慧。看著他沉睡的臉龐，我永遠都不能忘記，他這張充滿哲理的小臉，以及他勇敢為我承擔的那些情緒與曾經。

從書裡找藥方

每周中醫回診成了生活中的儀式與習慣，看著中醫師開藥方，有一個詞吸引了我的注意：藥引子。釋義：即引經藥，能引導藥方中的藥物到達疾病的部位或經脈，發揮藥劑的效力，起嚮導的作用。

有一本書，就像是我閱讀的藥引子。

重拾閱讀的濫觴

《你的孩子不是你的孩子》全書九個篇章，記錄了一套被考試成績綁架的教育方式，看似浮誇的內容，卻是作者吳曉樂身為家庭教師時，所見證的真實。某種程度上，也有點像是我的成長歷程：升學主義掛帥，在這套體制下，我向上追尋更好的成績，不知是考試壓力讓我沒時間、沒動機閱讀其他書？還是我壓根不知道閱讀素養是一生的養分？

全書的後記最格格不入，作家吳曉樂在後記提及，她的母親對於人品的在乎，勝過對於成績的執著，無論考卷分數，她的母親都不喜不慍。反倒是一有餘裕就帶著她和弟弟泡書店，母子三人沉浸在書海中，無心插柳地培養了姐弟倆的閱讀能力，讓他們了解到「書中的知識是很寶貴的」，她更是在多年後領教到母親在閱讀上所做的「身教」是多麼地深刻。

我買到的《你的孩子不是你的孩子》是二〇一六年初版八刷，藥引子在我三十歲以後才開始走閱讀經絡，對我的「閱讀啟蒙」至關重要，促成我第一次回望學生時代的自己，也是我第一次體會到，原來書裡有除了考試以外的事。

兒時的我也讀了不少書，舉凡偵探小說、漫畫、百科全書和繪本故事書，都一一被我啃食。然而，最後我還是投降於升學考試的功利主義，學生時代的我，並沒有養成閱讀習慣，一年讀不到一本「課外書」，如果讀書不是為了升學考試，我不會去讀。教科書需要記憶背誦，我拚了命地苦讀每一個科目，考試只要課本沒寫的，我一定不知道答案。

年少輕狂且無知，不知道大量背景知識才是做學問的源頭，根本沒有所謂的「課外書」，書就是書，傳達了作者經過淬鍊的中心思想，以及我不一定能親身體驗的人生歷練，那些都不是區區幾篇課文能教我的事。

我曾偷偷立誓，要把學生時代沒讀的書都讀回來，光陰被我蹉跎夠久了，這本藥引子又激起我重新想要閱讀的想望，進而啟發我讀了其他書籍，包含心理學、社會學、歷史學、中西醫學、育兒教養、自我成長和身心靈探索。剛開始重拾閱讀時，我下意識地想畫線、摺書角、記重點，如果忘記前面章節的內容，還會一直回頭翻閱，試著記憶背誦，深怕把內容給忘了。

覺察此舉讓我大吃一驚，《你的孩子不是你的孩子》副標題：「被考試綁架的家庭故事，一位家教老師的見證」。原來「綁架」二字並不是言重，而是它深深烙印在我的靈魂裡。還好我最終沒在這本書畫下任何記號，因為我已經不用再考試升學了，任何知識重點都沒有我內心的體悟重要，浩瀚無垠的人生大學，豈是幾張試卷能測驗的？

打通心脈的藥方

真正的藥方有靈性，會在適當的時機，出現在我的生命，沒有早一步也沒有晚一步，正好是我需要它的時候。

當人生陷入低潮，命懸一線之時，閱讀救了我的命，當時若沒有從《跟家庭的傷說再見》這本書認識敘事療癒，我可能走不到今天。

其實心理諮商師給過我一模一樣的建議，鼓勵我敞開心胸書寫或口語表達，勇敢向母親坦白內心的一切感受。老師說，把這些情緒表露出來，母親一定承受得住，而我也會因此得到救贖；然而，我卻在諮商室回答老師：我不敢。

每次的諮商時間為一小時，卸下心防傾吐心事，盡情地狂哭，老師給的建議都很好，剩下的思考與行動只能讓我回家慢慢消化。直到我讀了《跟家庭的傷說再見》，才一股腦兒地書寫（打字），擁抱內在小孩，讓自己解脫。把故事說出來，是為了轉身離開，不再停留於桎梏的現狀，沒有人有義務對我好，除了我自己。

書本和諮商的內容無異，差別只在於諮商雙向溝通，有時間限制，而書本文字單向靜默，卻在我腦中擲地有聲，任憑我花多少時間反芻。這就是書的魔力，真的不知道什麼人、在什麼時間、讀了哪本書、看了哪句話，就翻轉了人生，例如我，真真實實的受益者。

你我都能成為開藥方的人

和好書的相遇，有時來自於朋友在社群媒體的分享，有時來自於新書發表的行銷宣傳，無論是什麼媒介，我都感謝作者願意把專業與生命經驗付梓出版，也感謝為此書寫下分享文字的人，才讓我有機會透過演算法或吸引力，與素昧平生的靈魂隔空交流，探見低谷中的光。

從那時候開始，我立志要當一個推廣書籍的無名小卒，我不必成為名人影響千萬人，我只需要發揮我個人的力量，真誠地分享好書與自身經歷，足以影響身邊的人就可以了，我從來不會忘記蝴蝶效應的力道，善知善念的傳播，都從單點感染，皆能遍地開花。

為此，我讀後隨筆記錄心得，一點一滴抒發體悟與感想，我在閱讀中探索了自己，也從書寫中接納了自己。我沒有受過任何專業的寫作訓練，也沒有學過任何閱讀素養的薰陶，就這樣傻傻地讀，拙拙地寫，一開始的寫作非常糟糕，不僅詞窮，甚至連標點符號都沒有，為了報答閱讀對我的救命之恩，我沒有時間挑剔自己的文筆，一本一本地讀、一篇一篇地寫，複利效應的起始值本應不怎麼顯著。

原以為這些經驗微不足道，卻有很多朋友讀了我的閱讀心得文章後，捎來私訊：有人跟我分享她也深受母女關係之苦，無處傾訴；有人坦承他家正遭逢巨變，因為讀了我推薦的書，才有力量繼續活下去；有人跟我一樣回頭是岸，從鮮少看書變得喜愛閱讀；有新手媽媽看了我協助兒子克服睡眠障礙的經驗，重新檢視自身焦慮狀況，盡速就醫；更甚者，好友因產後憂鬱差點想不開時，想起了我也曾經陷入一段低潮與病痛，所以特地來詢問我，當時做了哪些事情、找了哪些資源，才得以走過來。

每個人經歷的苦難不同，難以用單一度量衡做評斷，唯一相同的是，受苦人有很明顯的負面情緒感受，在黑暗中是看不見光的，而我身為一個曾經體驗過意志消沉的人，能夠同理他人所承受的苦痛，我推薦的每一本書、寫下的每一段文字、做過的每一個療程，乍看輕如鴻毛，卻是一道微弱的光，讓黑暗中的靈魂有了一絲絲希望。

每當我心中出現對自己寫作能力的批判，或是對自己知識閱讀量產生質疑，我都還要再追問自己一句：「難道我不因惡小而為之，卻因善小而不為嗎？」

文字撼動靈魂深處的感動，對我來說一直都難以言喻。

承認脆弱不軟弱

也許是華人文化比較沉穩內斂，又習慣壓抑情緒，總要孩子勝不驕敗不餒、囡仔人有耳無喙、喜怒不形於色、愛哭鬼羞羞臉，久而久之我們就在封閉情緒感知的環境下長大，若有什麼心事，大人總說：「私事不要到處張揚。」「事情過了就好，不要再提了。」「這些事沒什麼好說的。」任何負面情緒的展現都會被視為軟弱無能或情緒管理不佳。

發生在我身上的轉捩點，一開始我的確羞於啟齒，一方面是事情有點複雜，難以用三言兩語陳述；另一方面是覺得，這整件事說出口有種濃濃的羞恥感：我覺得自己很糟糕，心理素質脆弱不夠勇健，所以才會衍生這麼多身心問題。

《脆弱的力量》作者布芮尼·布朗（Brené Brown）在TED演講中提到了羞恥（shame），她將羞恥解釋為：我有哪些事情如果被外人知道了，他們會不會不想與我往來？這其實就是一種「我不夠好」的自卑感受，深怕與他人斷了人際關係連結。

然而，布芮尼·布朗也進一步解釋，勇氣、同理心與脆弱，是羞恥感的解方。脆弱並不代表軟弱，脆弱反而是創意、創新和改變的力量來源。

真情流露的脆弱

一年半以後，我才敢公開向好友們坦承人生驟然失序的始末，我當時在自己的臉書狀態，藉由一本書的讀書心得，寫下了這段文字：

「法律對人在內心究竟選擇自己要做天使或做魔鬼，天生無能為力。

靈魂可能背叛法律，也可能超越法律，在一樣的法律概念底下，是人心中的善念或惡念決定了法律意義的質與量。」讀完黃榮堅教授的《靈魂不歸法律管》，在我心中引發了對兩個議題的思辨，一個是有關死刑，另一個是有關幸福。

一年半以前，兒子大約四個月的時候，我們一家三口近距離地接觸了一場社會悲劇，當時逼不得已才搬去跟父母同住，隨即引爆了我和我媽之間的母女衝突，過往的恩恩怨怨一觸即發。簡單來講，就是這樣。

原諒我當時含糊其辭，甚至汙名化了產後憂鬱和新生兒，也許產後的確有些心情低落，也許新生兒的確有些纏人，但那都不是故事真正的核心。

案發當事人，結束兩名年幼子女的生命後自縊，殺人償命，伸張正義，她為自己執行了死刑，應報理論佔了上風，然後呢？然後她留下了悲痛欲絕的另一半，也留給我莫名巨大的悲傷。

當全世界的新手媽媽都在討論收涎派對和寶寶寫真的時候，我得到了一張診斷書：精神官能症——廣泛性焦慮症、反覆泌尿道感染與陰道炎、睡眠障礙。

「幸福之所以落空，原因不外是對幸福途徑的誤判」，是啊，那些媽寶雜誌和部落客都沒講清楚，生產後除了遇見新生兒的喜悅，還會遇到這麼多生命課題，課題沉重到我無法承受。

從此，我開始向預防理論靠攏，我沒有偉大到可以投身自殺防治，但我開始思考善良與道德存在人心的必要性，長久以來教育體系缺乏的情緒教育與心靈環保，要怎麼靠家庭教育來平衡？我們要怎麼養出一個有正知正念的成年人，而同時又要懂得如何保護自己？這很難，這比一年要做多少業績都難，但我們不能因為難就輕易地放棄，如果所有的家長都放棄了，那麼這個社會對幸福還能有多少盼望？

這短短的一年半，我走得好長好長，我甚至不知道自己是怎麼每天出門去上班工作，回家又扛著媽媽、女兒、妻子的多重身分，時不時還要處理短缺的資金與自己的一身病痛。

那段日子若有任何得罪，我跟大家道歉，謝謝大家體諒一個突然變了模樣的我。身體不會說謊，它記憶了所有的情緒，甚至寫下了這些文字。

現在，醫生對我的病情抱持著樂觀的態度，醫囑交代只要放鬆身心、好好睡覺，一切都會好起來。這麼簡單的目標，也許就是通往幸福的最短捷徑。

不到一千字的始末，卻花了我一年半的光陰，才有辦法輕鬆自在地吐露真言，這番真實赤裸的發文，讓我收到了好多留言與私訊，大家才恍然大悟，原來我獨自經歷了這麼多事情，怪不得每當他們問候我過得好不好時，我總是面色遲疑、欲言又止，卻又表現出開朗活潑的樣子。

大家給了我很多支持與鼓勵，絲毫沒有認為我的經歷有任何可恥之處，來自四面八方的同理與諒解，終於讓我覺得自己不是一個糟糕的人。

久別重逢的友誼信箋

坦然公佈這段過往，我不僅得到了心靈的解脫，更是重新連結一度斷掉的友情，許久未聯絡的好友C捎來私訊：

Fannie，我想要開門見山地跟妳說，看了妳的臉書文章，我哭了很久，心裡很激動，我不知道這一年半來妳家裡、妳身體發生了這麼多狀況，我很慚愧曾經是當過妳伴娘、見證過妳幸福的人，卻沒有在那段日子裡對妳有一絲絲的關心，我真的很抱歉，當時跟妳幾次網路上的訊息互動有些不合，就因此幾乎跟妳斷了聯繫。

我哭是因為抱歉我與妳的距離竟變得如此遠，但同時，我慶幸看到這篇文章時，妳最後提到的是對生命、對人生正面的思想，以及妳漸漸好轉的身體狀況，我真心祝福妳與妳的家庭平安快樂，也希望未來妳能夜夜好眠。我真的想念我們過去的日子，希望妳一切都好！

紙短情長，好友C的這段文字，讓我的眼淚瞬間潰堤，暗自痛哭許久。我和她友誼過往的點滴逐一浮現腦海，我也有好多的抱歉，我當時的個性是如此的不成熟，因細故與她溝通不良而不相往來，她卻願意為了我這番真情流露的脆弱，捎來道歉與祝福的信箋，賦予友誼全新的意義，她的寬容與胸襟，是我望塵莫及的破冰典範。

多年後好友C也深陷人生低潮，我們再度回想起這段真誠的訊息往來，文字穿越時空，我曾經的自白，替她寫下了她開不了口的憂鬱，而她曾經的破冰信箋，也為她自己的身心療癒鋪路。一向不輕易傾訴心事的她，在我面前毫無保留地宣洩情緒感受，我靜靜陪著她一層一層剝開內心深處的想望，也許事情無法馬上解決，但至少讓她知道，我能明白這種心情，她並不是孤軍奮戰。

脆弱在我們之間，鉤動一絲絲的細線，單線看起來很容易被摧毀，彼此編織起來卻堅韌牢不可破。

需要被謹慎翻譯的「脆弱」

國家元首級口譯員葉妍伶Renee是我的摯友，她對於vulnerability/vulnerable被翻譯成「脆弱」感到非常介意，「脆弱」在中文語意裡面，通常是很負面的、不專業的、不厲害的、軟弱的、無能的，但vulnerability/vulnerable其實還蘊含了「需要被小心保護」以及「真情流露」的語境。她進一步解釋，在國外，易碎品的外箱上都會寫fragile（易碎的），大家看了標語就知道要把這個箱子「小心輕放」，而vulnerability/vulnerable在心理上也有這樣的語境，需要大家「小心呵護」。

她專業的翻譯解說，讓我想起了一段小故事。

遭逢巨變的第一個月，我們全家都還在兵荒馬亂中，公司就要派我到國外出差，老闆大略有耳聞我的狀況，特地來跟我確認，我是否真的「願意且能夠」出差一趟？

我無法武裝堅強，私下勇敢地跟老闆坦承，我的身心並不穩定，我突然變得很怕黑，需要有人陪我出差。把這個需求說出口後，我心想，或許老闆會覺得我是個軟弱無能的廢物吧。

結果老闆與其他高階主管商議後，不僅沒有覺得我是個職場廢物，還真的指派了另一位同事陪我出差，讓我們共同分擔公務，也讓我在安全又有人看顧的情況下出公差，免去了想不開的風險。老闆的溫暖與體貼，接住了在黑暗中往下墜的我。

我對於這件事情一直很愧疚也很介意，宛如我職場上的汙點，我跟心理諮商師說，我覺得自己很不專業，竟然在國外差旅的節骨眼上，說自己的身心有狀況，需要陪伴與協助，但心理諮商師卻堅定地告訴我：「劉小姐，妳真的非常勇敢！能夠真實表達自身情況的人，擁有十足的勇氣。」

聽完心理諮商師的一席話，我覺得自己被深深地同理與肯定，原來承認脆弱並不是軟弱無能，而是告訴大家，如此脆弱的心，暫時需要小心呵護，待塵埃落定之後，自然會有堅韌的力量。

遲來的道歉

世界上最難說出口的一句話是什麼？

有人說是「我愛你」，也有人說是「謝謝你」，我認為是「對不起」，因為道歉有重量，必須切割「服輸、自尊、面子」的包袱，也不能輕易跟「原諒、雅量、沒關係」扯上邊，能夠真誠地說出「對不起」，需要很深的同理與反思。

祖孫過招：親緣修行不限年紀

「阿萌，媽咪帶你去學校，阿嬤走到轉角就要先去超市了喔，晚點再來接你。」我推著嬰兒車帶兒子過馬路，母親在旁預告行程，暗示兒子等等就該說再見了。

到了超市門口，母親逕自跟兒子說了再見，沒等兒子做出明確的回應，她的身影就消失在我們的視線中。我將兒子送往托嬰中心，兒子的情緒沒什麼明顯的變化，很自然又很開心地揮手跟我說再見。

放學時間，我和母親一同前往托嬰中心接兒子，兒子一看到阿嬤，像是想起什麼似的突然回過神，竟然生氣地在巷口大鬧脾氣，怎麼也不肯回家，甚至一直倔強地往反方向走。

「怎麼啦？為什麼生氣呢？回家不是走這個方向啦！」母親急著想把兒子勸回正確的回家方向。

兒子還不到兩歲，無法用精確的語言說明自己到底怎麼了，他不斷甩開阿嬤的手，生氣地撇過頭，背對阿嬤的熱切問候。

「快點啦，要回家吃晚餐了，趕快走吧。」母親一頭霧水這突然的脾氣，只好連聲催促，希望這莫名的胡鬧盡快結束。

我看著這對祖孫，一個出口不成章句的幼兒，一個花甲之年的長輩，在巷口對峙，一個要往東，一個要往西，拉拉扯扯互不相讓。這要是粗暴一點的家庭，早就破口大罵，強行把孩子扛回家了。

「我覺得妳應該是沒有好好跟他說再見，就自己去了超市，所以他在生妳的氣，他覺得妳怎麼突然不見了？」充分發揮抽絲剝繭的推理能力，我對母親闡釋著兒子可能的心理狀態。

「我有說再見啊，我明明就有跟他說再見！」母親極力為自己的禮貌抗辯。

「但是他可能沒聽到吧？或者他當時被車水馬龍吸引，沒有專注在聽妳講話，妳可能要跟他說對不起，下次確保他有回應了，才是真正的對話。」

我真不知道是吃了什麼熊心豹子膽，竟然敢這樣「教訓」長輩，但以我對兒子的了解與觀察，這應該就是他鬧脾氣的癥結主因。

「我幹麼要跟他道歉啊，是他自己沒聽到的，我為什麼要道歉！」這下子母親越來越激動了，我們三代親子在巷口僵持，就為了這雞毛蒜皮的小事兒。

兒子也不是省油的燈，持續背對阿嬤，意圖想往反方向繼續走，用「叛逆」來形容貓狗嫌的兩歲可能有點言重，但我倒是好奇他這番對抗強權的勇氣究竟是遺傳到誰的血脈？

「唉唷妳就跟他道歉嘛，說不定他到了托嬰門口才發現妳不見了，內心覺得很錯愕又很失落啊。他那麼愛阿嬤，阿嬤怎麼可以突然不見呢？妳也只不過是要跟他說一句對不起而已，應該不是太困難吧？」祖孫調解員還真難當，這麼一點小事，我苦勸母親說一句道歉，對她來說卻像索命一樣。

道歉真有那麼困難嗎？我在內心嘀咕著。

如果那時候，我們都好好說了對不起

小時候的每一個母親節，母親都在生氣，她都在生我的氣，她說我總是在母親節惹她不開心。

母親排行老么，和外婆很親，外婆在她三十七歲那年辭世（當年我七歲），當時她是征戰國際商場的幹練女將，這麼年輕就喪親，我想肯定是很悲傷難過的。她沒有將她的喪母之痛表現出來，就這麼暗自神傷了幾個年頭，或許每年母親節也是觸碰了她內心的痛處，又遇到頑皮搗蛋的我不知闖了什麼禍，被惹得生氣也是情有可原。

我不知道自己到底做錯了什麼，只記得每年母親節我都被她責罵，每一次的衝突，隨之而來的是凝結空氣的冷戰，我們誰也不願意先開口，就這麼僵著。終結冷戰的方法只有一個：無論我的對錯，只要我願意對母親說聲對不起，便能為母親搭建臺階，讓她從高冷的情緒冰宮中走下。

沒有人問過我的感受，也沒有人在乎我的心情，更沒有人還原討論母女衝突的根源。那些不明原因的對不起，我說得可多了，就算心有不甘，我也別無選擇，為了母女之間的和平，只能在我不明所以的道歉中和好收場，我永遠是她的手下敗將。

我從來沒有聽她說過任何抱歉，尤其對晚輩；而我也從來沒有真心道歉，我只是想要趕快息事寧人。

道歉的智慧與藝術，我們母女當時都沒能參透。

三代親緣的和平大使

駐足在巷口，母親臉色鐵青，心情微慍。

我一直在等那句難以說出口的真心話。

「好啦，阿萌對不起啦！但是，是你自己沒聽到阿嬤說再見的。」母親說出口的道歉，明目張膽地夾帶責怪，非常符合輸人不輸陣的文化包袱。

這已經非常不容易了，花甲婦人願意對未滿兩歲的幼兒道歉，這可是我有生之年第一次聽到母親對晚輩說對不起。

「走吧，我們回家吧。」我試探性地跟兒子說。

兒子的表情緩和，情緒也穩定下來，牽著阿嬤的手，往回家的方向走去。

看著他們祖孫的背影，我對母親也有很多的悔與歉。曾經年少輕狂，不成熟也不懂事，言語多有頂撞，如果當時我的頂撞，也能像我對兒子這番理解地「被理解」，也許我不會是母女關係中永遠的手下敗將。

母親對兒子說的這句對不起，我也自顧自地收下了，當作是三十年恩怨一筆勾銷。我深深地以她為榮，在道歉裡蘊含著愛，我看見的不是一句簡單的對不起，而是她終於願意試著走下輩分的高臺，與我們平等論事的氣度，即使這只是一件日常瑣事，但這份理解與體諒，至今仍是我謹記在心的身教典範。

最令我驚豔的還是兒子的行為表現，這個充滿哲理的小人兒，來到這個世界到底有什麼任務呢？為了測試他的胎內記憶，我趁著他學會數個單詞之際，尚未社會化之前，小心翼翼地探問：「阿萌，你在飛進媽咪肚子之前，有沒有在天上看到媽咪？」

他回答：「阿嬤。」

「除了阿嬤之外呢？有沒有看到媽咪？有沒有看到爸比？」我不死心地追問。

他總是回答「阿嬤」，屢試不爽。

也許兒子真的是來投胎找阿嬤的吧，若不是我的生命中孕育了他，何來這一切失序、衝突與覺醒？背負著「和解母女關係」的重責大任來到這個世界，簡直是抽到人際關係的籤王，怪不得算命老師跟我說：「看這出生時辰，妳兒子是妳的貴人。」

道愛、道謝、道歉，孩子都是貴人，人間的佛菩薩。

輯三——

穿越時空的指北針

腹中的藥師佛

從小皈依佛門，跟著母親誦經聞法，我時常在法會打瞌睡，聽不懂師父開示，也看不懂佛法經文，我全部都搞不懂，我不明白為何要花費時間與青春，去追尋我不能理解的法門。

耳濡目染之下，潛意識還是會植入一些信念，當日夜折磨的病痛又發作時，我想起了藥師佛。藥師琉璃光如來有十二大願，其中第七大願：「願我來世，得菩提時，若諸有情，眾病逼切，無救無歸，無醫無藥，無親無家，貧窮多苦，我之名號，一經其耳，眾病悉除，身心安樂，家屬資具，悉皆豐足，乃至證得無上菩提。」

每晚睡前，配合醫囑服藥，我持誦藥師佛聖號，期待眾病悉除，身心安樂，也期待身體早日康復，讓我與第二胎結緣。我修行不用功，或者說是藥師佛慈悲，聖號沒念幾句，竟沉沉睡去。以前母親總說，修行時瞌睡，就是冤親債主來打擾，當我眾病逼切，無救無歸時，默念藥師佛聖號即瞌睡，求之不得啊！

然而，我畢竟是個庸俗之人，念佛時瞌睡事小，修行時破口大罵，才是真的粗鄙浮躁。

出乎意外的療程

曾經跟兒子約定好，不能再為了睡眠障礙的事情動怒，我十之八九是信守承諾的。唯獨有一次，兒子又晚睡了，我旋即擔心自己的失眠焦慮又要發作，更擔心第二胎的計畫無限延後，就不小心怨懟責罵⋯⋯

罵完小孩我心生愧疚，感嘆好不容易的修行又破功了，肚子一直沒有第二胎的消息，是不是因為我這個當媽的，實在太暴躁了？

不怕念起，只怕覺照遲，我這一路走來，適度表達自己的情緒，何錯之有呢？不知道哪裡來的靈光乍現，我氣憤地對天吶喊：「不愛睡覺的小孩不准來我們家！」

我以為這個怒吼只有我聽得到，情緒宣洩，有點認真，也有點玩笑。

下個月，我發現我懷孕了。

看著那兩條線，我的心情也有兩條平行線，其一是喜悅，第二胎總算來與我結親緣；其二是憂慮，我尚困在失眠與夜尿的煎熬當中，再怎樣念佛修行，每天都還是得靠中藥才能睡得比較安穩，但我懷孕了，還能再吃中藥嗎？怯懦懦地前往中醫診所回診，中醫師斬釘截鐵地說：「中藥也是藥，不用再吃藥了，妳好好把孩子生下來，生完之後再來坐月子調理。」

想不到我的醫病療程，竟突然停在沒有藥方的兩條線，失去了藥物的依靠，我只能靠我自己，以及不知道是否真實存在的藥師佛。

星空寂寥，月色高掛，黑暗中，只剩下我與失眠夜尿獨自奮戰。躺在床上，我對自己宣誓：「我是睡眠高手，我超會睡覺，無論如何我都可以睡得超好，就算半夜起來解尿，我也可以馬上再次入睡。南無藥師琉璃光如來。」

適逢己亥年，我想著天干地支「己亥」二字，豬年對我來說是個吉星高照的暗喻：「我懷了一隻豬寶寶，我是豬媽媽，我們超會睡覺，南無藥師琉璃光如來。」「寶貝，你吃得好、睡得好、玩得好，你是平安健康又超好帶的寶寶，南無藥師琉璃光如來。」

睡眠儀式升級成信心喊話，每天講、每天講，一路講到生產，講了四十周，後來才知道這是潛意識催眠，一種自證預言。

說也奇怪，就這樣，一個孕婦，失眠和夜尿不藥而癒，每天晚上睡得香甜，不上班的周末，還能再睡個回籠覺和午覺，晚上繼續熟睡，睡了整個孕期，即使到了懷孕後期，半夜也幾乎不用解尿，我一度質疑膀胱是不是換了位置。

懷上一個小孩，竟然可以眾病悉除，幸運的代價，是一輩子甜蜜的負擔。

疾病還需心藥醫

臨盆之際，我牽著三歲的兒子，在誠品書店遇見了一本書《情緒排寒》，身體的寒氣會落下病根，這我是知道的，所以中醫師叮囑飲食忌冰冷炸辣甜，多晒太陽，少吹冷氣，才能讓身體排寒，調養健康的溫體質。然而，情緒也有寒氣，這乍聽之下簡直風馬牛不相及。

挺著孕肚，翻開神祕的扉頁，作者李璧如醫師用鋒利的文筆闡釋，情緒伴隨感受而起，是自然存在的能量，生命歷程中的各種壓抑、痛苦、創傷，需有出口排解，無法壓制，若強行壓抑，必會內爆轉化變形。情緒積壓，久而久之氣結成鬱，病痛都是這樣從「心」產生的。她建議「當天情緒當天排」，學著看見自己與他人的情緒，拋棄我執，情理交融，化干戈為玉帛，考驗著眾生的智慧。

她對於情緒與疾病的解釋，打通了我的任督二脈，每回中醫回診，望聞問切，總是問最多我的心事，因為心結不解，病痛也沒有根除的解方。懷有身孕，斷了中藥，心念一轉，全身病痛卻不藥而癒，可見病從心藥醫，藥師佛於心，不過是個媒介。

懸在我心上的，的確還有一個情緒積鬱。

努力調養身體的我，看著先生時常咳嗽清喉嚨感到不悅，苦勸他戒冰飲少吃糖分，怎麼講都講不聽，讓我憂思鬱結，既心疼又憤怒。

有一晚，當他又開始恣意地咳嗽，彷彿要把肺給咳出來，我再也忍不住我複雜的情緒，因而爆發口角，與他大吵一架，一氣之下，我身懷六甲卻恐武有力，彷彿跆拳道黑帶加持，一腳踹破了浴室的門片……

踹破門片之後，我嚇得躲到房間關門大哭，全身發抖，我不知道自己對先生的愛與疼惜，竟然會用這麼粗暴的方式展現。

這也是唯一一次，我們吵架沒有在當天和解。

這事一懸，隨著胚胎熟成，懸到了懷孕四十周又一天，腹中胎兒沒有任何產兆，我細細爬梳整個孕期的經過，想起了這段夫妻吵架的插曲。也許，腹中的寶寶在等我「情緒排寒」，他的靈魂純粹無瑕，他不想帶著我積鬱的寒氣，在產道迎接他出世的第一天。

利根聰明，安隱少病

孩子要抱在手上，才是真的平安順產，我不敢跟藥師佛鬧彆扭，掏心掏肺我的真誠，提筆寫下了這封情書給先生：

我最愛的老公，謝謝你一直為這個家付出，從兒子出生以來，我們一起度過了新手父母的焦慮無助、賣房的賠錢、搬家的辛勞、原生家庭的業力、還有我長達兩年的身心病。還好有你，讓我可以有依靠的避風港，肆無忌憚地養病，做自己喜歡的事情；還好有你，分擔家務和經濟，我們有了新房安居，每天的雙薪生活也不至於忙碌崩潰。

一路走來，我的想法改變很多，接觸了很多好因緣，身體也越來越健康，但我的避風港也有需要休息的時候，我們一起面對的難題，以及我的身心病，也許讓你生活在壓力和恐懼中而不自知。現在我雖痊癒，但可能對你造成無形的影響，還埋在你的身體裡作祟，我很感恩也很抱歉，夫妻的扶持，原來真的得有人願意停下來，等受傷的另一半慢慢走過來。

現在，我想跟你說，我真的都痊癒了，接下來只要順產，產後不要憂鬱，就算慌亂，我也相信我有能量和經驗可以度過難關，畢竟二寶是我的良醫，身心不藥而癒，你看在眼裡，眼見為憑，也希望二寶是你的良醫，療癒你這幾年的傷痛與壓力，甚至是陳年積習與心中的刺。

如果我在產程有什麼萬一，請記得保我不保孩子，我們夫妻還要一起走下去；如果二寶有什麼萬一，他來這個世界上的任務已經達成了，他是來醫病的，我也不會再生了。

當然，我相信他的任務尚未結束，他的好因緣會繼續療癒這個越來越混亂的世界，就等我們勇敢面對自己的內心，歡喜迎接他的誕生，良醫慈悲大愛，也是需要聽話又有決心的病患。

愛你們，老婆。

送出這封情書後，我大哭了一場，用淚水洗滌我所有的情緒積塞。睡了十幾個小時（不愧是豬媽媽），四十周又兩天，規律的陣痛來襲，到院四小時之後，我自然產生下了三千七百克的胖小子阿睿，帶給我滿滿的喜悅和能量。

自然產的產道，早在他出生的一年前，他還是靈魂之際，就已積塞全散。

醫生曾開給我一顆專治陰道炎的藥物，千交代萬交代懷孕哺乳絕對不能吃，要非常確定沒有身孕才能服藥，不然胚胎會有畸形的風險。

我心心念念想懷上第二胎，怎麼可能避免呢？就這麼拖著，寧願發炎受苦也要努力受孕，為了保護每個月的機率，我怎麼都不肯服藥。

眾生有情，執著也是病根，藥師佛肯定在天上看著我發笑。

我的懷胎大夢，最終還是敗給了當時難耐的紅腫癢痛灼熱。我終於拿起那顆藥，對著空氣宣示：「無論你在不在肚子裡，我都要吃下這顆藥了！如果你不在，那就太好了，等以後有機會再來；如果你在，那你就走吧，這顆藥留不住你的，不要互相糾纏。」

隔天睡醒，陰部恢復了正常的膚色，癢痛灼熱全消，超過一年的發炎受苦，彷彿一場夢，那顆藥吞下去的時機，恰巧鬆綁我的執著，為準備投胎的小兒子阿睿，打造了健康無憂的產道。

阿睿體格壯碩，愛吃、愛睡、中氣十足，個性帶有一點天生的喜感，回憶起藥師經所言：「或有女人，臨當產時，受於極苦；若能至心稱名，禮讚恭敬供養彼如來者，眾苦皆除。所生之子，身分具足，形色端正，見者歡喜，利根聰明，安隱少病，無有非人奪其精氣。」

我不確定是藥效驚人，還是情緒排寒真能拔除病根，我唯一確定的是，藥師佛真實存在。

願力大於業力

趁著通勤上下班的時間閱讀寫作，原本近十年「滴書不沾」的我，後起直追，兩年之內，讀了超過一百本書，也寫下了破百篇讀書心得，我和好友甚至在社區成立了繪本故事班，為孩子們朗讀豐富有趣的繪本故事。

推廣閱讀和親子共讀的起心動念，其實並不是那麼的夢幻美好，而是來自於三大生命的業力。

其一，兒子生命的誕生，讓我從書中找到教養難題的解方；其二，鄰居母子生命的逝去，讓我投身關懷情緒心靈素養，期望呵護自殺防治的遠因；其三，母親對我生命的給予，卻在成長過程中與我相愛相殺，我一直想不明白，母親對我這麼好，為什麼還是會讓我覺得受傷？

過往衝突的回馬槍

阿睿出生後半年，爆發了動盪世界的新冠肺炎疫情，我原訂受邀於扶輪社的演講，被迫數位轉型改成了線上講座，為了鼓勵大家透過閱讀來成就更好的自己，甚至向下扎根，讓孩子從零歲起就能透過親子共讀穩定身心，我將演講題目定為「閱讀，讓我從困頓中找到幸福的力量」。

幸福？我的內心真的感到幸福了嗎？

講座鏡頭下的我，全身發燙，胸悶椎心刺痛，母女關係這千古變異的病株，隨著疫情發展，直攻我的心肺。演講的當下，我的心中，還扎著兩枝過往的回馬槍，那是母女衝突中，最猝不及防的兵器。

＊＊＊

剛懷上第二胎不久，我家的冰箱，冰著全家最喜歡吃的紅葉蛋糕，中午聚餐後，我們母女兩家各自回家睡午覺，相約晚上一起切蛋糕幫我爸慶生。

午睡起床後，我突然身體不適，有些孕吐，阿萌發燒喉嚨痛，懷疑是腸病毒肆虐，我傳訊給母親說明我家情況，很不好意思地更改晚上行程，我提議要不各自晚餐，我和阿萌也稍作休息，晚餐後再一起來我們家慶生吃蛋糕好嗎？

我以為她會說好。

母親說，既然是我爸生日，父親是長輩，蛋糕理應要去「她家」吃，而不是在「我家」吃，她在訊息中下令，請我把蛋糕拿去「她家」。

我忍著身體不適，抱著滾燙的兒子，發燒三十九度的他，吃不下晚餐，若真是腸病毒，冰冰涼涼的紅葉蛋糕，正好派得上用場。

我還來不及盤算這顆蛋糕，母親再次下令，如果我真的出不了門，她會請我爸過來「我家」把蛋糕拿回「她家」，她會自己幫我爸慶生，至於蛋糕，她會再另外切給我們吃。

她把「家」分得很清楚，指令中，我也能洞悉長幼有序的尊卑禮節。我買的蛋糕，我想當好女兒，替我爸慶生；我也想當好媽媽，讓兒子吃點冰涼的食物，舒緩可能的腸病毒。然而，在女兒和媽媽的十字路口上，我只能選一個角色扮演。

腦筋轉啊轉的，一定能想出兩全其美的做法。

我向母親提議，我爸過來拿蛋糕的時候，我們先幫他慶生吧，順便切一點蛋糕給阿萌吃，看看吃冰涼的食物會不會舒服一些。

母親斷然拒絕。

我爸生日，壽星最大，壽星走到我家門口，連外套都不敢脫、包包也不敢放，只說我媽交代要把蛋糕直接拿走不能先吃，他隨即拿了蛋糕，掉頭就走，揚長而去。

隔天早上，我爸來我家，給了我一盒切出來的紅葉蛋糕，我抱著他痛哭失聲：「爸，對不起，昨天沒有幫你慶生。」

我爸拍拍我的肩膀，輕輕地說了一句：「沒關係，今天有吃到蛋糕就好了。」

冰涼滑順的奶油，配著眼淚，鹹甜鹹甜帶著一點膩，冰凍的是我的心，奶膩的是母親的倔。

＊＊＊

阿睿出生時就是個胖小子，粗勇的體格，一般來說，任誰看了都安心，但他沉甸甸的體重，對已過花甲之年的母親來說，實在是個負擔。

有一晚，正當我爸交代先生該如何餵孩子吃藥時，母親抱著阿睿卻突然腰痠背痛，喊聲要先生趕快過去幫忙把阿睿抱走。但先生不知該如何打斷正在說話的岳父，只好靜靜地等我爸把話說完，再去接手阿睿，母親隨即暴怒，痛罵在場的所有男子。

這場家庭風暴，我人不在現場，不在現場的人要讀歷史，只能聽當事人重述，各說各話的羅生門，我難以拼湊真實的現場。從側面剖析，我看見的是一個無辜的嬰兒、一個突然腰痛需要協助的我媽、一個專心聽岳父說話的我先生，和一個沉浸在自己發言的我爸。

母親的腰痛骨傷，久病喪志，情緒不穩定，她抱怨年老體力大不如前時，也蘊含了無法盡全力幫我分擔育兒的感慨。

我當時修養不夠，沒看出來母親的這番縝密心思，一言不合，觸發了母女衝突，她隨即將我封鎖，一連好幾個月都不跟我講話。

阿睿的母體抗體漸消，我傳訊回報阿睿生病或發燒，她不聞不問；周末我傳阿萌遊玩的照片想逗她開心，她不讀不回；朋友做了她最愛吃的蘿蔔糕和甜點，託我爸拿去給她，她不吭一聲，一句謝謝都沒有；當我出現在她家，問起她給我的食材該如何料理，她轉頭就走，非要我爸轉述我的問題，她才願意開金口回應我爸，彷彿我只是空氣。

疫情漸漸升溫，我傳訊叮囑她勤洗手、戴口罩，沒事別出門亂跑，換來的依然是不讀不回的冷漠涼薄，澆熄了我一心想追討的母愛。

業力引爆，眼淚不爭氣地撲簌簌落下，母女之間相敬如賓或相敬如冰，盡力就好了吧，也許「道歉」和「原諒」是她的課題，我只是陪她修行之人，流下心痛欲絕的眼淚便是，情緒若再往前跨一步，就越界了。

世間所有的相遇都是久別重逢，我們母女能停在這裡，已是千百年的因緣。

閱讀是人生的養分

幾個月後，母親在佛寺看到了一張文宣，她終於解開封鎖，傳訊與我破冰：「妳要不要去聽這個講座？我和爸爸幫妳顧小孩。」

我一看講座資訊，是洪蘭教授的「閱讀與教養」，主講閱讀與腦神經科學之間的關係。閱讀會讓大腦產生觀念，觀念引導行為，行為產生結果，結果會再次改變大腦，如此循環，讓孩子正向成長，所以閱讀是教養不可或缺的養分，於成人而言亦同。

一路走來，閱讀對我而言，就是這樣將我推向了覺察與實踐的道路。我一生能閱讀的文字量有限，但每當我困頓時、疑惑時、想不通時，總會有書籍與作者，穿越時空為我說明一切，當初若沒有閱讀觸發我的腦神經循環，這一遭修行我是無法走透的。回應生命叩問的閱讀，頓悟得最快最有效果，是融入骨血的精華，也是我想要善盡的綿薄之力。

當我有願，即使母女之間刀光劍影，也會因願力而和平；衝突，看似互相傷害，卻也是互相成就的隨順因緣。

這場講座，是我推廣閱讀的知識底蘊，也是我和母親之間破冰的象徵。願力大於業力，從那天起，網路上多了一個微小的閱讀推廣人——芬妮說書。

氧氣罩

一路升學就業的背後，藏著意味深遠的餘音，母親曾經對我說：「妳成長的過程還好有我栽培，如果妳跟著妳爸隨便混，怎麼可能會這麼優秀？也許妳只會是個普通人。」

這句話是真空的，沒有氧氣，一度讓我無法呼吸。

產後尚未跟母親同住時，我獨自在家照顧新生兒，第一胎傻傻地追母奶，湯湯水水東吃西補，奶水沒追成，倒是漲了膀胱生成尿液。新手育兒實在慌亂，餵奶、擠奶、換尿布、洗屁屁、哄睡、洗奶瓶，吃喝拉撒睡無限循環，我又很逞強地覺得自己有辦法勝任所有當媽該做的事，意圖完美掌控孩子的作息，不願意假手他人，也不甘讓母親來幫忙。日子就這麼被瑣碎雜事消磨得疲憊不堪，母親總勸說嬰兒睡的時候媽媽也要跟著休息，但我頻尿勤跑廁所，睡意都被尿意驅趕殆盡。

這般逞強，不過是為了母親那句缺氧的武斷。我的優秀，難道都只來自於母親的栽培？我的價值，難道就沒有我半點自己的努力與付出？我只想證明，我自己可以做好媽媽，照顧嬰兒的所有瑣事，即使沒有母親的教導與栽培，我一樣能表現得很優異。

天不從人願，爾後搬去與她同在一個屋簷下，才是真正的修煉道場，水裡來火裡去，氧氣更加稀薄了。

高含氧量的智慧

新冠疫情爆發時，我有很強的既視感。

當年的SARS（嚴重急性呼吸道症候群）人人聞風喪膽，致死率是新冠肺炎的十倍之多。正在讀高中的我，班上有同學發燒，我們全班師生被隔離在家，是當時少數被匡列的班級。

居家隔離時，我的防疫觀念尚不嚴謹，認為自己和發燒的同學並不熟稔，應該沒太大風險。然而，母親卻視我為瘟疫，在家避之唯恐不及，所有我摸過的東西，她隨即如臨大敵似地加強消毒。

青少女血氣方剛，無視居家防疫措施，只覺得母親刻意疏遠，一家人同甘共苦，她怎可在疫情肆虐之時將我排擠在外！

母親不計較我的幼稚，她堅定地對我說：「我必須確保自己是平安健康的，萬一妳真的生病了，我才有體力照顧妳。」

她不愧是征戰國際商場的幹練女將，飛機起飛前的每一次逃生指示，她都聽進去了：請先為自己戴上氧氣罩，再幫助鄰座的孩童與乘客。

帶著這句含氧量極高的智慧，第二胎產後，我一甩倔強，足足讓自己坐了七十天的月子。先是在月子中心待了三個禮拜，隨後請兩位月嫂接力幫我坐月子，每天午睡整整三小時，母乳隨緣。月嫂把月子餐料理得非常豐盛，母親時常來共襄盛舉，我們母女誰也不逞能做家事、帶小孩，因為育兒帶孫的戰線很長，我們保留體力，等月子結束後，要好好照顧兒孫。

＊＊＊

月嫂結束服務後，我獨自在家照顧嬰兒，母親突然來電，說要去吃小火鍋，我語帶為難地跟她說：「可是阿睿還在睡覺，把他叫醒的話，萬一他睡不飽大哭怎麼辦？」

薑是老的辣，母親豪爽地說了一句：「不要管他睡不睡，現在是大人的吃飯時間，把他推出門再說。」

我站在嬰兒床前，舊有的思維習慣發作，不由自主地天人交戰，到底是要推出去吃小火鍋呢，還是乾脆回電給母親說我無法赴約了？若是無法赴約，表示我是個偉大的母親，在家以孩子的睡眠為優先，犧牲了我的午餐；

若是推出去吃小火鍋，表示我以自己的作息為依歸，必須承擔孩子醒來哭鬧的風險，放下控制嬰兒的執念，接受這變化多端的生物。

躊躇半晌，我決定換裝出門，背好包包，從嬰兒床中把阿睿鏟起來，將他以原封不動的睡姿放在嬰兒車上，推出門吃小火鍋。

他沿路熟睡，不因車水馬龍而驚醒；到了火鍋店，無論人聲吵雜或溫度變化，他也不動如山，一直睡到我吃完小火鍋，他才醒來喝奶。

我沒養過這麼會睡覺的小孩，當下很是震驚，那頓小火鍋，我吃得好輕鬆，輕鬆到好不真實，當媽媽還可以兩袖清風吃火鍋，嬰兒躺在旁邊呼呼大睡，誰說我的午餐和他的睡眠無法兩全呢？原本在腦中上演的二元小劇場，瞬間顯得荒謬可笑。

困頓時不妨換個角度

父母的語言，甚至是我們心中的想法，都不可能永遠完美無害，真空或含氧，得由自己決定，回想起養育第一胎時的逞強，竟是自己困住了自己，而不是母親的話語。呼應阿德勒心理學的核心：不要因心理創傷而痛苦，而是要由經驗中找出能夠達成目的的東西。不要由經驗決定自我，而是由我們賦予經驗的意義來決定。

觀點不同，解讀不同，經驗的意義就不同，用更高的維度去解讀，是我的氧氣罩，也是我的脫胎換骨。所謂「脫胎換骨」，不只是澈底改變的譬喻而已，更是說文解字直接描述「脫去孩子胚胎，媽媽換了一副新骨」。

小兒子阿睿出生後，我重生了，我換了一副新的身骨，月子坐得好，產後體力勇健，可跑百米競賽；我也換了一副新的風骨，不再逞強堅持育兒的內心小劇場，帶著母親埋藏在我腦中的信念，先顧好自己的內心，媽媽放寬心，寶寶就開心。

＊＊＊

每當我回憶起養育這兩胎的心態差異，總會想起東野圭吾小說《解憂雜貨店》其中的一段故事。

綠河小姐未婚生子，她的結局是開車落入河裡溺水而死，落水的汽車有個打開的車窗，她的孩子因而漂浮在河裡獲救，獲救後在孤兒院長大。

原以為綠河小姐是因為經濟拮据，生活無以為繼，才因此帶孩子走上絕路。追尋小說鋪陳的線索，讀到後面才恍然大悟，綠河小姐是跟朋友借車，載生病的孩子就診，可惜她身體孱弱，在開車的過程中不慎墜河，她用盡了最後的力氣，打開車窗，讓孩子有機會漂出去，自己則是命喪黃泉。

綠河小姐被發現時，骨瘦嶙峋，只有三十公斤，貧困交加的她，把所有的食物與資源都給了孩子，孩子獲救時，一歲的幼小年齡，卻有十幾公斤重（我兒子一歲時的體重只有九公斤）。

小說的這個段落，讓我久久難以忘懷。當眾多讀者讚頌母愛的偉大，願意為了孩子犧牲一切時，只有我覺得這樣的犧牲非常危險，如果綠河小姐當時將手上的食物與資源平均分配給自己和孩子，或者讓自己更有力氣和精神去討生活，也許她不會發生意外，也許她還能和孩子延續更綿長的親子緣分。

折磨讀者的，終究是本揪心的小說。願真實世界的母親，都能在困頓時，先為自己戴上氧氣罩。

衣櫃裡的祝福

姊妹淘來參觀我家不換季的衣櫃，我們嘰嘰喳喳討論著衣服的款式、穿搭與收納。她拿起了一件靛藍色的大衣外套，直說這版型穿起來英挺俐落，又帶有歐風氣質，在哪裡買的呢？

「這件是我媽買給我的。」其實我也不知道大衣的來處。

她再拿起了一件灰藍色的紗裙，紗內裡的鏤空燒花，剪裁細緻，襯托出我的扁身纖細，飄逸的薄紗，仙氣中帶點瀟灑，她又問這是哪裡買的，她也想買一件。

「這件是我媽去香港買回來給我的。」香港早已物換星移，再訪的機會渺茫。

衣櫃隨便選，兩次都挑到母親的戰利品。她不死心，再拿出幾件淺色雪紡紗上衣，還有幾件花色短裙，搭配起來，我的長腿展露無遺。她再次逼問，這些又是在哪買的？

「喔～這些啊，這些是十年前我跟我媽在臺北東區買的。」當時挑選衣服的光景，我都還歷歷在目，有質感的衣裙，母親看一眼就知道要全包了。

有幾年的公司尾牙，無論主題是時尚奢華、金碧輝煌或星光熠熠，我都穿著柔和優雅又帶有內斂氣勢的服裝登場，就連爭奇鬥豔的尾牙盛會，同事們讚嘆的評價，都有母親選物的影子。

姊妹淘驚奇不已，直說下次要跟我媽出去逛街。

母親的眼光，歷久彌新，經典不退流行，是我衣櫃的祕密。

然而，有好一陣子，我並不知道自己的衣櫃已經擁有這麼多美麗的祝福。

衣櫥裡的信念隱喻

生完第一胎之後，我幾乎不買衣服，一出手購買，盡是買一些便宜的爛貨。

當時產後體質變化，變得非常怕冷，每年冬天，隨便穿穿寬大的襯衫和毛衣，保暖外套罩上去就出門了，導致每次出遊拍照，都是同一件外套，臺灣的冬天忍一忍就過去了，外套裡面穿什麼都沒差。夏季潮濕炎熱，要哺育孩子，肚皮又有鬆垮的脂肪，以前的衣褲不見得能遮住腹部，戒急用忍隨便亂穿，只求寬鬆舒服就好。

得過且過，連第二胎都長大了，六年光陰已經過去，衣櫃裡的爛衣服，蓋住了母親選物的光芒，我也忘了自己是個衣架子。

在衣服以外的場域，母親幾乎不會輕易給我讚美與肯定，舉凡考試成績、證照獎項、升官加薪、職場專案，哪怕只是燒了幾道好菜、教養孩子趣事，或是操持家務等等小事，她總是說：「常懷感恩的心，持續學習努力，之後會表現得更好、更進步。」

感恩？之後？更好？更進步？當下的成果與努力難道不值得讚嘆嗎？學如逆水行舟，不進則退，理性的道理我懂，但感性的感受我不懂。勝不驕，敗不餒，我沒機會歡慶勝利就已經氣餒了，無論我做了多少努力，都達不到母親看得上的標準，彷彿將我扣上一個感恩的大帽子，就能遮蓋我所有的信心與價值。從母親口中說一句讚美我的肯定句，真的有這麼難嗎？

這是我們母女攤牌時，我對母親最大的疑問。

如此這般地向生命叩問，在我內心最深層的信念只有一個：「我不夠好，我不配。」

「反正沒特殊場合，我買便宜的衣服就好。」

「買衣服很花錢，我應該把錢省下來。」

「我應該等小孩大一點再來買新衣服。」

「過幾年有點韻味了，才能撐得起這些衣服。」

「等我更有成就了，再穿好一點的衣服。」

這些配得感低落信念，像病菌一樣蔓延滋生，潛移默化影響著我，也影響著我的衣櫃。直到我看見了那些無法襯托我自信的爛衣服，幾乎要把母親選物的眼光，排擠到衣櫃的陰暗處，我才驚覺，母親對我的讚美與肯定，早就吊掛在衣櫃裡的各個角落。

而立與花甲的傳承

接下來，我擬定了衣櫃作戰計畫。盤點所有的衣物之後，分配兩筆預算給春夏秋冬四個季節，目標鎖定臺灣攝氏十四度到三十度之間皆可穿搭，策略主打復刻經典，把我和母親曾經的戰利品拿出來老衣新穿。

有些質感真的很差的衣物，斷捨離回收了，痛下決心不再亂買不適合自己的衣服。孕期穿的寬大的襯衫，母親竟然很喜歡，我全數打包贈與她，象徵她給我的祝福我都留下了，但負面信念歸還給她，恕不退換。

有一件湛藍寬褲，曾經穿在我身上過於寬鬆，我拿去改小了一寸，第二胎產後瘦身有成，即使小了一寸，我的扁身穿起來還是略顯鬆垂。這寬褲的設計，褲頭收斂腰身，後腰下方兩條車線修飾臀部，A字傘狀寬大的褲襬，全面遮蓋大腿，材質冰透清涼，柔軟中帶點挺，我一直捨不得丟，心想母親應該會喜歡這件寬褲，便叫她來我家試穿。

母親身形豐腴，果然非常喜歡這件寬褲，只是被我改小了一寸，她得費勁兒地深呼吸，我們母女齊力將拉鍊拉上，她才勉強穿得下。

＊＊＊

過了兩季，姊妹淘又來參觀我的衣櫃，她拿起一件粉紅色的束袖毛衣，質感柔軟服貼，完全不扎皮膚，下襬開叉修飾腹部與臀部，怎麼穿搭都適合，她問起這件毛衣在哪買的？

「這件是我在網路上買的。」難掩心中的興奮，我的眼光有乃母之風。她再拿起了一件白色雪紡紗上衣，鈴蘭花的燒花袖口，修飾了手臂的線條，試穿在她身上，像極了仙氣飄飄的女神。她又問我這件上衣在哪買的，她找遍了附近的店面和網路商城，就是找不到這種有設計感的雪紡。

「哎唷，就跟妳說我是十年雪紡專家，這個設計一上市，我立刻就結帳了，不要再花時間找了，一分錢一分貨，我帶妳逛逛我買的商店。」想不到，我也有獨霸衣櫃的一天。

「要不要約妳媽一起逛？」姊妹淘沒忘母親的獨到眼光。

「不用約她啦，十年的衣櫃絕活，她都傳承給我了，她現在穿的寬褲還是我幫她改的呢！」

那件被我改小一寸的湛藍寬褲，又再度放寬了一寸，我們母女之間，也像是這件寬褲的縫份，改改放放，在而立與花甲之年，穿著同一條褲子長大。

小雲朵上的約定

古代流傳至今，一直有個神祕的教條「懷孕不滿三個月不要說出去」，懷上二寶後，我謹守這個古老的明訓，連阿萌都不敢透露，直到十二周那次產檢，胎象心跳穩定，我才敢傾吐身體孕育小生命的祕密。

「阿萌，媽咪肚子裡面有小寶寶了！」超音波尚照不出性別，但這天大的好消息，值得讓三歲的阿萌第一個知道。

「是弟弟。」阿萌吃了一口早餐，抬著頭堅定地對我說。

他說出「弟弟」二字時，表情靦腆，眼神晶亮，嘴角上揚，充滿欣喜與期待，我至今仍然忘不了他當時的神情。

「你怎麼知道是弟弟？醫生說還不知道性別耶。」對比第一次懷孕時嗜吃西式餐點，第二次懷孕時卻獨鍾中式食物，我心想說不定是女兒吧。

「是弟弟。」阿萌語氣帶著堅定。

「你確定嗎？說不定是妹妹啊？」我試圖擾亂他的想法。

「嗯，確定是弟弟。」當賭盤幾乎一面倒壓注我懷女兒時，只有阿萌堅定不移地認為腹中胎兒是弟弟。

高層次超音波性別開獎，阿萌成了賭盤的少數贏家。阿睿出生後，阿萌曾對我說，天上有個小雲朵，他很久以前就跟弟弟在小雲朵上一起玩，只是當時弟弟很矮，站在他後面，我沒看到弟弟，所以才以為我只有他這個孩子而已。

是嗎？一開始在猶豫要不要生第二胎時，我的心中確實百轉千迴很多想法，想著想著，我竟沒看見弟弟嗎？

獨生子女的修行

身為獨生女的我，對於手足之情難以感同身受，從小到大倒是乘載了不少世人對於獨生子女的想像，不外乎是驕縱、資源寵愛於一身、兒時沒有玩伴、父母病了沒人商量、獨自承擔父母老年等等優缺點。

其實這都跟家裡有幾個小孩沒什麼太大關係，主要還是看父母的態度，以及孩子的心理素質。

以母親對我的栽培與嚴苛，想要驕縱都難，除了打蟑螂和抓老鼠我會逃之夭夭之外，下廚料理和操持家事，對我來說簡直易如反掌。我以為大家都跟我一樣賢慧，一直到出社會上班之後，很驚訝鄰座同事三十幾歲了還不敢開瓦斯爐煎魚，她可是在三寶之家長大的啊！

資源寵愛於一身端看家境，財力雄厚的家庭，生幾個小孩都能擁有龐大的資源，經濟若稍有拮据，即使生一個孩子也是極大的負擔。感恩父母承擔了我的教育投資，即使半途而廢的鋼琴和長笛，他們也沒說過一個怨字。

我小時候很聒噪，在西餐廳無法輕聲細語，總是大呼小叫要母親看這兒看那兒的，母親覺得尷尬困窘，但又不想放棄西餐的氛圍，於是在家點上蠟燭，擺盤刀叉，她自己煎牛排、燙蔬菜，讓全家在燭光下摸黑吃特製西餐，又不會吵到旁人，兩全其美。她給予的不僅是資源與寵愛，還有變通的彈性與創意。

每逢周末，我們都會回爺爺奶奶家探望，和堂表兄弟姐妹們一起玩耍，構成了我童年大部分的記憶，積木、扮家家酒、桌遊、擲骰子、躲貓貓、麻將、炮竹仙女棒，無樂不歡。母親也時常帶著我和她的友人一起出遊，甚至連國外差旅都會帶著我出去見見世面，大人們聊天，小孩們嬉戲，我一點都不覺得自己沒有玩伴。

唯有當狂歡落幕，大家都回家時，我才會偶然想起，在我那個年代，獨生子女很稀少，同學們回家都有兄弟姐妹陪伴，而我回家只有我自己和爸媽。爸媽的陪伴也是陪伴，只是難免存在著權力不對等的關係。至於爸媽年老或病時，兄弟姐妹能不能在身邊互相分擔，那也是很難說個準的。

當我和母親的衝突爆發時，我曾經感慨，母親對外的形象一向非常親切明理，一點都不像我描述的威權霸道，要是這時候有手足能理解我的心情就好了，不然我的說詞，任誰也不會相信。想不到眾多好友齊聲安慰我，當他們與母親起爭執時，想要抒發內心的感受，他們的手足皆發出偌大的問號：「媽會這樣嗎？」

如人飲水，冷暖自知，看來情緒的翻騰，只有自己知道，人終究還是得面對內心的波瀾，承擔修行時的孤獨，這跟家裡有幾個孩子都沒有太大的因果關係。照顧好自己的內心，懂得和自己相處，這是一輩子的功課。

愛不是除法，而是乘法

阿萌承襲了我善於獨處的優勢，早在三歲以前，就可以自己在客廳堆積木、看繪本、玩小汽車，即使需要我回應，稍加陪伴之後，他即可繼續自得其樂。在親子餐廳用餐完畢後，任他在遊戲室盡情徜徉，每一區的探索他幾乎都能獨立完成。至今阿萌仍是自我獨處的最高紀錄保持人，他曾經在我朋友家自由探索了整整五個小時，肚子餓了才來討食物吃，朋友驚訝到說不出話來，因為朋友的獨生女兒老是黏在媽媽身邊。

人們總說為孩子生個手足是因為有伴，但我很確定自己不會為了陪大寶而生二寶，因為這對二寶來說太不公平了，二寶是獨一無二的，他不是為了兄姐而存在的。尤其，我的大寶看起來，好像一點都不需要二寶的陪伴呢？

像阿萌這樣的大寶，如果有了二寶，對獨處能力而言，會不會是一種破壞？心靈的糾葛盤踞在我的心頭，我是如此地愛他，我怎麼有辦法把愛再分給二寶？

我不是唯一煩惱這些問題的人，我開口詢問母親，當初為什麼只生我一個？母親無奈當年懷我時胎象有異狀，冒著風險生下我後，產假僅有一個月，工作業務繁忙，職場環境並不友善，又無後援支持，所以能生一胎已屬不易。

仰望天際，回頭看看一路陪伴我長大的母親，原來我在小雲朵上形單影隻，我們只約定好了要來當母女，手足之情不在我轉世的清單上。

想著想著，我和先生也想通了，生二寶的原因，是因為我們喜歡孩子，我們有能力養育，我們願意負責任，我們也有後援支持。孕產新生命，其實還是有風險的，但我們心甘情願放手一搏，試煉我們是否有緣分和二寶在地球上共度一段旅程。無論有沒有手足，都是每個人自己的緣分，就連我們能有幾個孩子，也端看我和先生有多少親緣。

＊＊＊

阿萌三歲就當哥哥，心理素質是強韌的，他承受了月子期間與我分離，也承受了家裡多一個小生命的熱鬧。三年過去了，阿萌的獨處能力沒有受到太大的影響，甚至往更困難的關卡修煉，無論弟弟在旁邊如何擾亂，哥哥照樣畫他的畫、讀他的書、拼他的積木、大他的便、看他的電視。

原本很不甘阿睿出生就要和哥哥分享父母的愛，後來才恍然大悟是我小看了「愛」，愛不會被切成兩半，愛是可以無限延伸的，爸媽的愛分給兩個孩子不是除以二，而是乘以二，而弟弟出生就有哥哥的陪伴與寵愛，那種幸福，是愛乘以無限大。

兄弟倆歡喜冤家，相親相愛又吵吵鬧鬧地一起長大，這就是我這輩子只能隔岸觀火的手足之情吧？

「你們還想不想要個弟弟或妹妹？」我試探性地問問。

「你和爸比把嬰兒床都賣掉了，還生什麼生！」看來阿萌對於生育大事，也傳承了我的務實理性。

「你們在小雲朵上沒有約弟弟妹妹嗎？」我總是愛鬧著他們的童言童語。

「沒有，沒有約人了！」兄弟倆異口同聲地說。

我時常思索為什麼我有兩個兒子而沒有女兒？我想是因為我不再需要母女關係的課題試煉了。夏季的午後，常有積雨雲，像是小雲朵上的約定，一陣烏黑，一陣暴雨，總會雨過天晴。

持家探戈

家事學問大，不光是能推諉究竟屬於誰的事，還是一種家庭權力鬥爭的工具。培養孩子做家事的習慣，要求多了會磨掉親子關係，要求少了長大後會磨掉婚姻關係，過猶不及的進退都難拿捏。

洗衣服讓兩人得道

我和先生的吵架次數並不多，一旦有爭執，多半是因為對於家事的細節或步驟有不同的認知，例如：洗衣服。先生認為「每次」都是他在洗衣服，「每次」都是他在晾衣服，衣服收下來放在客廳沙發請我摺，我卻愛摺不摺的，「每次」都不趕快去摺，搞到最後還要他去摺，「每次」都是他在收拾。

這指控實在冤枉，我在家中生活有自己的步調，也許我正在看書、也許我正在忙孩子的事、也許我想要等一下再摺，畢竟我也不是骯髒雜亂之人，當天之內我肯定會摺的，何必急於一時呢？如果真的太累不想晾衣服，可以跟我說呀，說一句：「老婆，可以請妳晾衣服嗎？」這事兒不就解決了嗎？何苦把家事搞得那麼偉大呢？再說了，他每次摺衣服都用揉的，打開衣櫃時，衣服會一坨一坨爆開，這筆帳該怎麼算呢？

先生有慧根，聽了覺得有理，反思自己的行為舉止像極了他媽，做多了又愛碎念，再來可憐自己命苦。頓悟後的先生，時常開口要我晾衣服，也能接受衣服攤在沙發上晚點再摺，要是自己真的看不慣，摸摸鼻子收拾便是。除此之外，他也會叮囑婆婆不要一直做家事，有些家事找人幫忙或者不做都無所謂，一人修行，兩人得道，洗衣服的啟示功不可沒。

持家的種種不容易

持家有很多眉角，也有很多心靈的修煉，一個不小心就容易走神迷失。兒子吃炒飯，桌上大碗，地上小碗，下巴隱形，掉了一地米飯。我一粒一粒追逐米飯擦拭，免得全家黏成碾米廠。先生洗碗盤，揮揮海綿，不帶走一片飯菜，下次要用碗盤時，還留有上一餐的香。馬桶與我有仇，每次輪到我如廁，總是有前人的咖啡色痕跡。追尋這些破壞家中整潔的凶手，我時常抱怨他們髒了這個又壞了那個的，怨來怨去，我竟成了當時我最討厭母親的樣子。

那個討厭的模樣，有個代名詞，叫做「完美主義」。

兒時我負責打掃全家的浴廁和各式門框，衛浴得用力洗刷、玻璃得擦得晶亮、抹布要擰得乾爽，每個月大掃除之後我骨頭都要散了。和母親一起洗大片窗簾更是費事，吸水後的窗簾布如鉛球重，為了防皺還得兩人合力抖扯，差點要了我的小命。

她常說：「妳以後就會知道，要持一個家是多麼地不容易。」

遙想兩次與她同一個屋簷下生活的光景（一次是婚前，一次是產後），從小看著她用心持家，我的良好生活習慣也隨之養成，原本不覺得有任何負擔，反倒是當我三十歲人生驟變，卻時時刻刻被她要求高標的家事與規矩，不禁讓我懷疑這到底是不是一個家該有的樣子？也許是，也許不是。生活日常，總在一個不小心就磨掉了親密關係。無論男人或女人，千萬別為了持家，不知不覺讓家事成了婚姻和親子之間的導火線。

我就問一句，哪來這麼多完美主義的家事和規矩呢？

＊＊＊

培養基本的衛生習慣無可厚非，盡力把生活過得整潔有美感，這些我都認同，但過度的持家標準，甚至堅持固定的流程與步驟，到底是天命難違，還是想要透過家事來表達自己對家的權力掌控？偉大付出？得以說嘴的成就感？抑或是我們從小到大未曾擁有過真正的權力，所以成家時，家事理所當然地成了利用的手段。

我能明白母親對於持家的堅持，我也養成了自律的家教，但天道酬勤，家事酬懶，我總想為家事添上一些長久以來被壓抑的幽默與懶惰性格。以「懶」為出發點，通常事半功倍，結婚當媽後，我也慢慢發展出自己的一套持家方式。和母親相比，可謂青出於藍而懶於藍。

小時候在浴室吹頭髮，吹乾了總是裝沒事就想逃，留了一地落髮給下一位使用者當鬼屋。當媽了以後，現世報來得快，在浴室吹頭髮，頭髮還沒吹乾，兒子進浴室看到頭髮就大喊：「哎唷，地上有頭髮，好噁心！」

逃得了一時，逃不了一世，每天吹完頭髮後，我不僅會把頭髮清乾淨，還順便把地板給擦了，每天一點一滴維持浴室整潔，看似勤勞，實則是懶癌發作，正因為浴室地板每天都乾淨，我已經不知道有多久沒洗過浴室了。

母親擁有的物品不少，老愛逛街買三斗櫃五斗櫃六斗櫃，收納的整整齊齊，總是耳提面命我也該如此收拾。然而，我的收納哲學迥異，我認為最好的收納是丟掉，只要叫我收，我就丟，沒東西就不必整理，無物一身輕。愛丟東西的少物風格，跟著我新婚入居，鄰居自殺後，我雖搬家搬得倉促，卻因物品並非海量而受惠，也從此和斷捨離極簡主義結下不解之緣。購屋搬入新家後，母親總要我這邊再買個架子、那邊再買個櫃子，持家方法不同，我也懂得說不。

生養兩個兒子，我依家中櫃子數量來決定物品數量，只要稍有超載，我便拍照上網販售或贈送，衣服玩具都在可控範圍之內，不必費心收拾。兄弟倆畢竟是蒙特梭利訓練有素的孩子，無論在客廳玩得如何炸亂瘋狂，玩具撒滿地，甚至連沙發靠墊都拿去玩，在我和先生的陪伴與指揮下，一聲令下總能將客廳恢復整潔原狀。

為了不要整天當老媽子服務兒子又收拾善後，我在廚房打造了一個

「幼童自取餐具區」，開飯前請兄弟倆自行取用餐具，甚至讓他們自己盛添飯菜，餐後請他們將餐具放回碗槽，至少幫家務減少一點負擔，最近三歲的弟弟還很熱心地洗碗呢。兄弟倆因為可以自己做主，在我家的每一餐都樂得歡呼。

住在男子宿舍，無懼臭與不臭，一律周三周六洗衣服，一周只開機兩次，床單棉被偶爾吸塵蟎、偶爾洗晒。先生收衣服時總會叫兄弟倆開虛擬卡車幫忙載貨（其實只是一張塑膠椅子搬運衣服），我摺衣服時也會叫兄弟倆一起參與，自己的衣服自己收，洗衣工作一經分擔，也就輕鬆許多。

至於地板，我們誰也不負責，那是掃地機器人的工作。感謝先生願意清理集塵盒，每天也熱衷倒垃圾與資源回收，持家不是我一個人承擔的事。

別問我窗簾怎麼辦，那是樓下洗衣店洗脫烘的技術，況且我也想不起來上次洗窗簾是什麼時候？

懶成這副德性，連母親都要說一句：「妳這個當媽的，還真是輕鬆！」

哎呀也不想想，我這成長思維是跟誰學的？

柔軟、彈性與放下

有一天傍晚，我去母親家接孩子，一進門竟發現客廳玩具呈現爆炸四散狀態，茶几上的紙箱堆疊摩天大樓，成串的衛生紙圍成城牆，擀麵棍是哥哥的武器，篩網是弟弟的頭盔。

母親吆喝一聲要吃點心了，兄弟倆嘴甜說好愛阿嬤，衝去廚房矮櫃取餐具，再衝到餐桌旁，踩著兩個高低不同的小凳子自行爬上兒童餐椅，準備大快朵頤阿嬤做的杏仁豆腐。

我差點以為走錯房門，這是向來持家的我媽家？

「妳的烘焙道具被拿去當玩具了？篩網都凹了耶！」我震驚了半晌才吐出一句話，心想他們這般調皮搗蛋，我該如何賠償。

「對啊，真實的東西比玩具好玩，之後要烘焙時再洗乾淨就好了。」

哇！母親竟然如此豁達。

「那衛生紙呢？買回來怎麼不先收進櫃子，被他們這樣蹂躪。」我很疑惑母親為何不妥善收納，還被兄弟倆逮到機會胡來。

「他們很有創意啊，說這些衛生紙是城牆，沒有危險的事情，就要讓他們盡情探索，發揮創意，所有的東西混在一起玩才好玩。」母親這番爽朗，跟當時與我同住屋簷下的她簡直判若兩人。

「妳腰痛好點沒？」我看母親這樣顧孫，還真折騰老骨頭。

「再也不抱他們了啦。我現在都訓練他們踩板凳，自己上下餐椅，看著就好，不會危險。」母親驕傲地指給我看餐椅下的小板凳，她隨著自己的身體狀況調整帶孫方式，看來祖孫已經磨合出適當的生存策略。

「客廳亂成這樣都沒關係？」我真的很驚訝，母親堅持大半輩子的家事整潔與規矩，就這樣被兩個小祖宗給收服了？

「等一下你們還是要收啊，至少把玩具聚集收拾在角落。」母親指了指落地窗前的區域。

那個區域，已經從一個小角落蔓延成大聚落，家裡什麼亂七八糟的東西都被拿去當玩具，母親為了保護兄弟倆的創意，在持家的框架中退讓了一隅空間，任由那個空間失控雜亂，也許她變了，她認為這是亂中有序。瞇著眼，眼前一片模糊，我看見了她的柔軟、她的接納、她的彈性，也看見了她的放下。

幾個月後我在育兒社團看到一位無助的媽媽發問，說是孩子玩完一種玩具都不願意收拾，就急著拿出下一種，她很堅持要孩子收拾好一種才能玩下一種，卻跟先生不同調，先生覺得晚點再一起收拾也沒關係，因此爆發了教養衝突與婚姻裂痕，她誠摯地詢問網友們該如何和先生溝通，又該如何教育孩子呢？

在她的提問中，我看見了三個影子：我媽、我、我先生。那個曾經因為我沒把成串尿布收好而發火的母親，現在把成串的衛生紙給孫子當玩具；那個曾經堅持收下來的衣服就必須馬上摺疊好收進房間的先生，現在任由我二十四小時之內收拾妥當即可；那個曾經因為被要求家事而綁手綁腳的我，逐漸展開笑顏與創意，和孩子一同揮灑有界限的瘋狂。

知道自己究竟為何堅持，才不會讓家事成為權力鬥爭的手段。持家應該是一支輕快的探戈舞，舞者彼此討論舞池的界線，在舞步的進進退退中，譜成了有溫度的音符。

輯四

心是回家的路

見血

一個再普通不過的夜晚，先生陪阿萌洗完澡，讓阿萌獨自回房間更衣，四歲的他，是可以放心自理的年紀，卻突然傳來一陣驚悚的哭聲。火速衝到他房間查看，發現他的左眼上眼瞼皮開肉綻，鮮血淋漓，傷口與眼球之間，就那麼幾根睫毛寬度的距離……

我一向見血就暈，即使聽人描述血與傷口，也會不自覺地胸悶缺氧。先生趕到房間一探究竟，質問阿萌為什麼會受傷？阿萌說他不小心撞到窗簾，眼角就一片血。先生難掩生氣的口氣，責備了阿萌的頑皮。我一路走來的自我覺察習慣讓先生也耳濡目染，在那個兵荒馬亂的當下，他很快覺察到自己的急躁、憤怒與自責，也覺察到阿萌的害怕、焦慮與不安。

一瞬間，先生恢復了冷靜，立即致電給我爸，請求協助一起前往醫院急診，而我媽也來我家幫忙照顧嬰兒阿睿，安撫見血就暈眩的我。母親說，眼睛沒事就好，皮肉傷毋須罣礙，醫護人員自有辦法。我們見面才說上幾句話，她連一句對年輕父母的責罵都沒有。

她喜樂地逗著阿睿，那股寧靜祥和的安定，穩住了我的心跳與血液。

三代同堂的機會教育

前往急診的那組人馬，我爸、我先生、阿萌，一車的男子。

三個世代的男子，也沒有互相責備，反而互相分享著過往見血縫針的經驗。先生說他小時候在走廊奔跑，撞到樓梯角，摔破了頭皮，後腦縫了幾針；我爸說他騎摩托車摔車，偉士牌的擋風玻璃碎了一地，手臂縫了幾針。

我爸這事兒我記得。英文安親班下課後，我爸滿臉是血地出現在校門口接我，他直挺挺地站著，像個堅守崗位的軍官，任由傷口淌血。我問他怎麼了？他只輕描淡寫地說了一句：「我跌倒了。」然後安安穩穩地騎車把我送回家，才讓我媽幫他止血、包紮、就醫。

還有一次，我爸起床做早餐，切番茄手滑，把小拇指的肉都給切了，那血流的速度，和他暈眩的速度有得比。我跟我媽兩個女子扶都扶不住他壯碩的體魄，尤其我見他噴血也快暈倒，我媽緊急呼叫幾個鄰居大人來幫忙，才把我爸送去了醫院縫針。

阿萌的眼角都皮開肉綻了，岳婿倆卻選擇先說故事，同理男孩的頑皮，再告知醫療的程序：清理傷口、麻醉、縫針、包紮。

在醫院，為了安撫阿萌的情緒，先生全程抱緊處理，堅定地對阿萌說：「等等不管怎麼樣，我都會陪著你。」待冷靜下來，阿萌才緩緩告解，他當時是因為在床上跳來跳去，撞到牆壁才流血的。在床上跳來跳去的頑皮，是他原本不願意承認的實情，但當他不再對權威感到恐懼，說謊或說錯也就沒有必要了。（我仔細檢查過房間，孩子細皮嫩肉，還真的是撞到平緩無尖銳物的牆壁就受傷了，而且還嚴重到要縫針。）

醫護人員受過專業的醫病溝通訓練，一步一步仔細說明縫針手術的步驟。縫針的過程中，醫生在每個步驟前都先告知與說明，酒精的微涼以及遮眼的黑暗，都是可預期的五感體驗；先生不斷安撫阿萌，向他保證一定會有爸爸的陪伴，護理師也竭盡聊天之所能，和阿萌聊起幼兒園的生活點滴。

縫針手術十分順利，阿萌全程沒有哭鬧，天真的他不明白麻醉的真義，出了手術室就跟我爸說：「爺爺，不用打針也不用縫針耶！」先生和我爸相視而笑，佩服四歲的勇敢，不忍再寫實傷口的針線。

勇敢不是不害怕，勇敢是即使害怕還願意承擔。接納事實，接納自己與孩子的情緒行為，冷靜地做出決策判斷，是孩子日後學習面對問題以及處理事情的直覺反應，這是見血後寶貴的機會教育。

一車的男子，尤其那兩位過來人，用安定的陪伴與自己過往真實的故事，穩住了四歲的小男孩。而在我家陪我的母親，用同理心與對醫療的信任，穩住了三十幾歲還怕血的女子。

不要害怕受傷

兩年後，我帶著兄弟倆在公園玩耍，任由他們玩壓水井，水花隨著活塞滔滔從出水孔流下，他們不怕濕也不怕髒，玩得起勁。誰知一個不注意，阿萌甩著淌血的小拇指跑來找我求救。指甲瘀青，指縫滲血不斷，一片鮮紅，卻一時之間找不到傷口，難道指甲掀起來了？

據阿萌所言，是弟弟沒注意到他的手還在壓水井的手柄下，弟弟就使勁兒往下壓，才把他的小拇指壓出了裂縫與鮮血。阿萌忍著痛楚與眼淚，如實陳述、完整敘事，對弟弟沒有太多的責備。見狀，我想起了當年他的眼角噴血，我們全家對他的包容與接納。

「我們回家清洗傷口包紮吧。媽咪小時候在公園玩，跌倒撞破膝蓋流了好多血，每天都要換藥、貼OK繃，現在膝蓋還有一個小小疤痕做紀念呢。下次玩壓水井的時候小心一點就好了，也可以先跟弟弟說清楚，再讓他壓手柄。」輪到我說見血的往事了，我收起了對血的恐慌，也稀釋了我的自責與說教。

回家後，阿睿安安靜靜地看著哥哥包紮，神情感覺有點擔心，也有點愧疚，我牽著他走向哥哥，他鞠躬跟哥哥說對不起，哥哥抱抱弟弟，勇敢地承擔自己的傷口痛楚與後續照護。仔細回顧過往，誰沒有過皮肉傷呢？那些撕裂、鮮血、塗藥與癒合，孩子也得親自經歷體驗，但我心中還是會默禱平安健康，因為我的心臟實在是不想長得那麼大顆。

如今，盯著阿萌的眼睛，我怎麼找都找不到當年的傷口，而小拇指的裂縫，更是癒合神速，完好如初。那些焦慮、擔憂、愧疚與自責，都在血液中代謝得無影無蹤，甚至連一抹疤痕都不留。

微小的恩人

母職的路上，平衡與兼顧是件難事，反倒有些小貴人，教我如何取捨與放下，臣服與駕馭生活中的變動。

阿萌陪我在娘家舊居待產，等待卸貨的日子拖久了，三歲的耐性已經用盡，他開始想念自己的家，每天都吵著要回家。我遲遲沒有產兆，衡量輕重緩急，我在娘家舊居還有爸媽照顧，於是在預產期當天決定，讓先生帶阿萌回家，父子倆好好享受兩人世界。

不知哪裡來的直覺，我深信二寶會自己精選出生時間。我想過，陣痛來臨時通知先生，他們趕來醫院應該是來得及，若不小心錯過時間，我一人進產房生產應該也不是難事，只要我自己不要太堅持產房的儀式感，放飛父子，我的耳根倒是清淨。結果，兩天後陣痛來臨時，碰巧遇到上班尖峰時間，父子倆體驗了上班族的舟車勞頓，在減痛分娩下針前抵達醫院，並沒有錯過太多。

第二胎的月子裡，為了能夠心無旁騖專心休養，我特別選擇了大寶不能同寢的房型，雖然心疼阿萌得長時間和媽咪分離，只能在會客室與我短暫相聚，但我選擇相信他有能力面對成長，也相信他和我爸媽能夠共度歡樂的祖孫時光。權宜之計，我讓先生周末兩日回家陪伴阿萌，讓他也享有爸爸的陪伴。

為母的心理，時常因為心疼糾結放不下，對於很多事情都緊抓不放，受苦煎熬的往往都是自己。當我不再堅持母職的所有責任都要圍著我打轉，鬆開手，我得到更多的自由，以及更多處變不驚的特訓。

臨危不亂

產後九天的周日，哺乳後我獨自將阿睿推回嬰兒室，在玻璃窗前流連忘返寶寶的可愛，卻突然感覺下體一陣刺痛與暖流。異常的惡露血量，氾濫了整片衛生棉。回到房間坐在馬桶上，血流如瀑布般洩滿整個馬桶。走到淋浴間，我想把自己沖乾淨，血卻怎麼都停不下來。

郊區的月子中心，寬敞偌大的房間竟然是個缺點，走出浴室，一路得經過料理臺、茶几、沙發、兩張雙人床、書桌，才能拿起了床頭旁的電話求救，鮮血流過我的大腿，滴滴記錄我的求救路徑，我刻意地盡量不要看血，以免暈過去，起碼要把電話打通我才能昏厥。

血崩的當下，只有我一個人在房間，冷靜的一個人，但不是無助的一個人，我的內心異常堅強，「怎麼都沒人陪在我身邊」的受害者情結並不存在。

護理師衝上我的房間，整理我的物品，立刻聯絡一一九把我送上救護車打點滴，我一邊聯絡爸媽，請他們接手照顧阿萌，並告知救護車要去哪裡接我先生一起去醫院。

先生焦急地上了救護車，救護員立刻安撫先生，告知先生我的意識非常清醒，會立刻送往最近的急診就醫。躺在擔架上，陰部暖流不斷，周日高速公路的鳴笛震天響，為我的止血開路。仰視側目救護車裡的裝備，竟和阿萌喜歡的繪本如出一轍，繪本裡的圖文細節以及我親眼所見的現實，轉移著我對血崩的注意力，我是一個經產婦，我會平安健康活著回家。

醫院急診，除了直接內診把血塊清除，沒別的辦法。婦產科醫師亮出長長的鉗夾，貌似一把鋒利的剪刀，目測約有二十公分長，金屬的冰冷與我子宮的暖血交會，我在與醫師和護理師的聊天中，駕馭內心那頭恐懼的猛獸。

臨危不亂的練習

讓我勇敢的，是血崩前一天在月子中心房門口狹路相逢的蟑螂。世紀不死生物，向來使我驚聲尖叫逃跑，花容失色。（寫出來不怕笑，我是真的不敢打蟑螂，連拿拖鞋打都不敢。）

血崩的前一天，我正好要將阿睿推回嬰兒室，蟑螂觸鬚搖擺，擋住了我的去路，一個人在房間坐月子，就算有天大的能耐，我也不敢與牠對戰。然而，如果沒有親眼看見牠離開我的房間，我將徹夜焦慮難眠。

我倆在房門長廊對峙，敵不動我不動。阿睿的嬰兒車上，掛著一瓶好酒伴手禮，我遂將其送給蟑螂大俠一飲而盡，那瓶酒，是酒精的酒。

打了通電話給服務臺，請人把醉醺醺的牠帶離我的房門，我才安心地睡了一覺，迎接隔天未知的血崩。若真要我比較，我敢保證，蟑螂比血崩可怕。

讀了許多身心靈療癒的書籍，都說「感恩」是提升能量頻率最快的方法，生命中發生的所有事情都是最好的安排，甚至都是為了我們好，即使事件的表面看起來，是個糟糕透頂的經歷。原本我難以接受這種無稽之談，遇見蟑螂難道還有必要感恩？但血崩之後，我是澈底地信了。

蘋果創辦人賈伯斯也曾說：「You can’t connect the dots looking forward; you can only connect them looking backwards. So you have to trust that the dots will somehow connect in your future. You have to trust in something—your gut, destiny, life, karma, whatever. This approach has never let me down, and it has made all the difference in my life.」意即，我們無法預先把眼前所發生的點點滴滴串聯起來，唯有在未來回顧過往時，我們才會明白那些點點滴滴是如何串聯在一起的。所以我們必須相信眼前所發生的一切，會以某種方式影響我們的未來。相信直覺、相信命運、相信生命，甚至相信業力輪迴。這樣的信任，會讓我們的人生與眾不同。

第二次生產，再度成為母親，我和以往有所不同，我願意臣服更高的力量。我相信身邊的家人與資源，會為我和寶寶做最妥適的安排。若不是我願意放寬心讓父子在預產期當天回家，我之後也不會有獨自坐月子的勇氣與雅量。

按照賈伯斯的意思回頭看，如果血崩在我的生命中是種必然，那麼我並不是一個人面對這一切，除了我的內心陪伴我自己之外，就連手無縛雞之力的嬰兒，身旁都掛著酒精幫了大忙。我大可以客訴月子中心有蟑螂未免太不衛生，生活中有多少的抱怨就這樣「砰」地一聲擊中對方，但我理解郊區的盛夏，難免有些昆蟲生物會到室內走跳，所以我選擇私下與管理人員溝通，該加強的環境管理還得做，但負評和批判就先免了。若不是蟑螂大俠讓我有應變驚恐的勇氣，甚至模擬了完整的求救流程，隔天血崩我若獨自在浴室暈倒，後果將不堪設想。

真心感恩全家人都是神隊友，處變不驚、應變得宜；真心感恩月子中心和醫護人員為我做了最適當的處置，也真心感恩蟑螂大俠飲酒赴義，小女子能撐過血崩與內診的考驗，都是因為感染了牠跨世紀的堅韌。任何微小的恩惠與磨難，都值得感謝，小女子受教了，但我就不期待此生還能再與其同夥相見了。感恩禱告時，我總會想起牠，願牠來世能有肉身，我倆若能再重逢，我一定準備上等好酒，一飲泯恩仇。

枕邊說心事

成功從睡眠障礙病癒後，我深信人一旦睡得好即可治百病，更能使心情愉悅，讓情緒穩定，睡眠可說是有助於身心健康，孩子的睡眠亦然。因此，父母育兒的一日之計不在於晨，而是在於寢，但孩子的睡眠大事卻無法強制耳提面命。心魔纏繞之時，任何鐵血權威也哄不睡，考驗著父母的時間與猜心的溝通能力。

媽媽的睡前諮商，開張

阿萌三歲時，在幼兒園穿學習褲進行如廁訓練，老師說他表現順利，可以自行如廁。原以為一切順利，但晚上睡覺前，他一直滯留在我房間，不願回自己的房間睡覺，感覺焦慮不安有心事。此時先生針對晚睡「行為」一再告誡「現在已經很晚了，要趕快睡覺，不然會有妖怪來抓人／不然爸爸要生氣了／不然明天來不及上學（不然……以下自行發揮）」，這些要脅根本無濟於事，此拖延睡眠的行為竟延續長達約兩小時，且接連兩天，我認為是一種幼童失眠。

於是，我決定跟這位小小案主開啟一連串談心對話。

「阿萌，你在學校怎麼了？老師說你穿學習褲練習自己尿尿，很棒耶！」

「但是我真的好怕尿下去啊！」想不到阿萌一開口就說出心事了，真勇敢。

「尿下去沒有關係啊，換新的褲子就好，把髒的褲子帶回家，媽咪會洗乾淨。」我盡可能地安撫他，讓他知道尿濕並不是錯誤，也不是他表現不好。

「可是老師會罵小朋友。」阿萌這樣算是爆料嗎？

「老師會罵小朋友？罵誰呢？罵什麼呢？」我有點擔心地問。

「老師說，下次不要再尿在褲子上了！」

聽到這個回答，我倒是鬆了一口氣：「老師可能是想鼓勵小朋友去馬桶尿尿，萬一你真的被老師罵了，一定要回來告訴爸爸媽媽，媽媽會幫你跟老師溝通。

「明天還是穿學習褲去學校勇敢試試看吧，老師說你都做得很棒，萬一明天還是狀況不好，回家跟媽媽說，媽媽會幫你跟老師說暫停穿學習褲，也許我們穿著褲型尿布練習也可以。」

阿萌連聲說好之後才安心入睡，但是，半夜突然驚醒大哭，嚷嚷著不要上學，感覺還是很擔憂，而且壓力不小。

焦慮兒需要的是同理傾聽，以及建立自己可以掌握的界線與自信，回顧這次的對話，我覺得我犯了些小錯誤，太積極想要幫他解決問題，無形中讓他落入我的提議、我的期待，我仗著我的經驗閱歷與對未來的預想，反而忽略了他真實的情緒感受，壓力更是扛在他身上無法消除。

枕邊談心第一回合，失敗。

＊＊＊

隔天，阿萌繼續穿學習褲上學，一到學校就請老師陪他去廁所尿尿，看起來很開心。放學回到阿嬤家也有自己尿尿，感覺一切順利。然而，睡前再度失眠兩小時，極度焦慮不安。先生當時感冒身體不適，很需要家人體諒，但阿萌的心魔未解，先生也失去了耐心，差點又為了「晚睡行為」對阿萌暴怒。

深呼吸一口氣，我決定再次與這位小小案主談談。

「你怎麼啦？還在擔心學習褲的事情嗎？」我耐著性子詢問。

「大家說我是小哥哥了，可以穿學習褲自己尿尿。」

「喔？老師說你是小哥哥了，可以不用包尿布，但你覺得你可能做不到，是嗎？」當媽真不簡單，還要學偵探邏輯推理，發揮想像力推導可能的因果。

阿萌點點頭，心情看起來還是很鬱悶。

我開始由偵探轉為激勵大會：「小哥哥可以做很多事情啊，像你就不用再喝奶粉了，我覺得你好棒，其他小哥哥可能還在喝奶粉呢！每個小哥哥可以做到的事情不一樣啊。」

「我已經不是小寶寶了，我不用喝奶粉。」阿萌也學會了自我激勵。

「對啊，我覺得你超棒超厲害的！但你是小哥哥了卻無法自己去尿尿，你是不是覺得很沮喪、很傷心？」

阿萌點點頭。

「那我們先不喝奶粉就好，明天我跟老師說不要穿學習褲了，好嗎？我們一起把學習褲打包藏起來，只有我跟你知道藏在哪裡，等你準備好了、想要穿了，再來跟我說。」

阿萌非常雀躍地說：「好！」

那天晚上，我們母子像賊一樣，把整袋學習褲打包，藏在衣櫃的陰暗角落。阿萌安心入睡了，隔天我立刻傳訊息向老師請求暫停如廁訓練，等他準備好了再開始。無論他現在是什麼歲數，只要他的壓力大到會影響全家人睡眠，那就表示時機未到，我們不要勉強孩子，更不要犧牲自己的睡眠啊！

一開始穿學習褲表現良好，也不代表真的順利，他只是貼心懂事，想要讓大家讚賞他、不要擔心他，但實際上他的內心默默承受著心理壓力，壓力大到無法入睡，令人心疼。

每一次的親子溝通都是試煉，很慶幸自己曾經歷練過五感全開的情緒體驗，才會願意先同理孩子，找出問題的根源和覺知，也願意運用好奇心和實驗精神去開啟跟孩子的對話練習，而不是盲目處理表面上的脫序行為。當我能誠心地理解孩子，並言之有物地與老師溝通，老師也比較容易體諒與配合。最感謝的是阿萌，感謝他願意向我傾吐心事和他內心的焦慮恐懼，這是親子之間無比的信任與安全感。

兩個月後，阿萌去幼兒園又穿了當時留在學校的學習褲，老師沒有事先預告，阿萌回家也沒有特別說什麼，晚上照常就寢沒有失眠，我也就沒多問。幾天之後，老師傳訊息跟我說：「阿萌每天如廁都很順利，成功脫離尿布囉！」

枕邊談心第二回合，成功！

心連心是溝通妙方

親子溝通反敗為勝，當媽有這麼簡單就好。

三年後，阿睿三歲，輪到他上幼兒園了，每天晚上都在睡前大聲嚷嚷：「我不要睡覺！我不要睡覺！」

先生如法炮製我的偵探口吻：「怎麼啦？想要爸比陪嗎？」

阿睿點頭說「對」之後，父子就躺在一張大床上談心，我隔牆側耳傾聽，談心的內容怎麼一直重複輪迴呢？

「好囉，爸比陪好了，要睡覺囉。」

「我不要睡覺！」

「那爸比再陪一下。」

「嗯。」

「好囉，爸比陪好了，要睡覺囉，晚安！」

「我不要睡覺！我不要睡覺！」

「那……」

眼看這一回合就快要僵局了，我趕緊衝進阿睿房間，一掌把先生推開，和小小案主訪談的重責大任，還是要交給專業的來。

「阿睿，你怎麼啦？去幼兒園開心嗎？你有包尿布嗎？老師有逼你坐馬桶嗎？午餐有吃飽嗎？點心好吃嗎？有人欺負你嗎？你有哭嗎？」我畢竟是受過特訓的媽媽偵探，幼兒園能發生的事，我早就瞭若指掌。

沒想到阿睿卻說：「在幼兒園很開心啊！」

「啊……那你怎麼不睡覺呢？你想要爸爸陪嗎？你想要爸爸回家先陪你玩，不要那麼早睡覺嗎？」我心想，難道答案真的這麼簡單？

「對，我想要爸比回家先陪我吃布丁。」

「這樣就好了嗎？只是吃布丁？」

「對啊，晚安，媽咪你可以回房間了。」阿睿一個側身，眼睛閉起來就睡了。

當媽還真的是不簡單，親子溝通是無止境的修煉，考驗著觀察力、推理力和聯想力，但還好阿睿是個簡單的孩子。

枕邊談心第三回合，在五感全開的同理心與好奇心連結之下，圓滿落幕。希望第四五六七八回合，直到千百回合，我們都能在愛裡心連心。

鏡頭下的暗潮

打從生養孩子以來，除了產假與短暫的育嬰留停之外，我一直都是職業婦女的身分，在工作、家庭與婚姻的權衡中拉拉扯扯。蠟燭多頭燒的拉扯中，我一直都渴望保有自己的身分認同，無論我是我爸媽的女兒、我先生的妻子、兩個兒子的媽媽，我都想當我自己。

一邊工作、一邊育兒、一邊閱讀、一邊寫文章，二十四小時的分配，向來沒有對錯，既然公司工作佔據了大部分的時間，那麼在家我就選擇所有事半功倍的竅門：物品最少化、家事最小化、溝通走心化、教養簡單化、睡覺最大化。

時間與空間，很明顯地區隔我的身分。上班時間在公司，我可以工作，也可以和同事午餐聊天；通勤時間在公車上，我可以閱讀寫作，也可以發呆沉思；下班時間在家裡，我是妻子也是媽媽，陪伴先生與孩子共度家庭時光；孩子睡後我不貪戀熬夜，曾經受失眠所苦的我，無論如何都不會犧牲睡眠。我的時間，就在空間的兜兜轉轉中，小心翼翼地保有一絲絲自我。

疫情下的家庭危機

二〇二一年五月，臺灣新冠疫情三級警戒，學齡前托育停課，公司宣佈全面居家辦公，當我和孩子只能關在家時，我竟然失去了身分認同，我不知道我自己到底是誰？

居家避疫期間，消費市場遭遇空前的挑戰，居家辦公工作爆量、會議滿檔，先生恰巧育嬰留停，育兒與家事重擔落在他肩上。當時五歲的阿萌能夠自理，作息固定，算是好照顧，但不滿兩歲的阿睿，秩序感與安全感受到極大的威脅，無法接受為何媽媽就在眼前，卻無法專心陪伴，變得比較容易哭鬧。有時先生協調不來，或需要喘口氣，我會趁著工作空檔一起育兒並張羅三餐。下班少了通勤時間當作緩衝，竟完全沒有下班的感覺，因為我必須立刻投入家庭照顧，沒有任何一秒喘息的空間。

老實說，受限於時間與空間的雙重夾擊，下班後我並不想立刻投入家務，即使居家辦公，但背有工作重擔的人在心理壓力上並沒有比較輕鬆，我深知我不能因為先生正在育嬰留停，就迴避所有的育兒和家事，但那個當下，我需要自我，我需要一個平靜且是我能掌控的時間與空間。無懼疫情，我抓著口罩離家出走，街上冷清，走也走不遠，只能在巷口的便利商店喝瓶氣泡水。沒有品質的時間與空間，扼殺了我的自我，我崩潰了。

＊＊＊

從小到大我一直都沒有什麼熱愛的興趣，當媽後我倒是把繪本共讀當樂趣了，說故事、詮釋寓意、美勞手作，讓我找回兒時剪剪貼貼的成就感，也讓我暫時忘卻高壓緊湊的生活，當孩子的需求與我的樂趣結合，時間的運用也更加有效率了。

疫情期間，我不想失去自我，即使工作育兒疲累，我還是想要為自我爭取立足之地，我竟異想天開地在親子讀書會社團連續直播十周，每周日早上說故事，介紹出版社贊助的療癒系繪本，帶孩子們做主題手作，陪伴親子們度過人心惶惶又難熬的居家避疫時光。

瘋了，這簡直是瘋了！但我的人生一直都是打安全牌，為了難得喜歡又做得開心的事情瘋狂一次，這不是很熱血嗎？況且是孩子的繪本故事，兄弟倆可以一起參與直播，觀摩媽媽對於繪本寓意的詮釋與口條，豈不是一舉兩得？直播時間約為一小時，少了每周十小時的通勤時間，一周就這麼一小時去追尋僅剩的自我，應該不過分吧？我以為先生會支持我，誰知每周直播的幕後花絮，是我和先生幾乎周周爆發夫妻口角衝突，起因於「他覺得我花太多時間在別人身上」。

衝突有時是另一種蛻變

「『他覺得』我『花太多時間』在『別人』身上。」這句話我是這樣拆解的。

他覺得

劃清人我界線，「他覺得」而不是「我覺得」，他怎麼想我管不著，我只知道我平日是居家辦公的職業婦女，父子兄弟有糾紛的時候，我必須離開書房，出來客廳佈置居家蒙特梭利環境，協調父子兄弟衝突和薩提爾對話，維持家庭的和平，我並沒有對不起這個家。

每周日直播說故事，我沒有限制父子參與，我甚至邀請父子當小幫手入鏡，或者在我旁邊陪伴，只要聲音不要大過我，想做什麼都可以。

只是先生選擇了帶孩子在房間玩，然後再選擇了搞不定小孩而生悶氣。這不能把錯都歸咎於我一個人。推廣閱讀和親子共讀，一直都是先生支持我做的事，而這個支持卻在疫情期間成了質疑與阻礙，但我不想要就這樣算了，我不願意輕易放棄我想做的事和我能做的事，我把那些日子以來的夫妻衝突當成試金石，測試我有多想捍衛自己的念想，也測試先生內心真正的聲音。

花太多時間

我不敢說這是什麼天命或天賦，但就那麼剛好，出版社接力提供一系列的高質感主題繪本，讓我周周連播，不必煩惱檔期。就那麼剛好，每次直播的前一天，我都會在其他書籍或文章，看到我要講的主題，隨筆寫在我的心智圖，直播內容渾然天成。就那麼剛好，繪本主題手作需要的材料，我家應有盡有，只要事前跟阿萌實驗試做，直播當天都可以很順利地教學，還能讓小聽眾玩一整個下午，爸媽樂得輕鬆。

有心想做的事，搭配著一點點天分與熱情，並不會讓我們花過多的時間和過度的努力，而是輕鬆不費力卻有所成果，進而吸引資源和提升能力去成就更多。我是一個非常普通的女子，只想捍衛那麼一點點的光亮存在，難道過分了嗎？

別人

我的讀者和粉絲從來就不是別人。我激動到全身發抖掉眼淚對先生說：「請你不要忘了我們推廣閱讀的初衷是什麼？我們的起心動念，是希望這個社會不要再有身心不健康而想不開去自殺的父母！我沒有要拯救這個世界，我只是想要做好我自己，自然有辦法影響身邊的人，每個人都遍地開花，社會就會共好。」

連續十周的情緒覺察療癒系繪本，我說給誰聽？孩子的靈魂很純粹，他們能懂圖畫中的寓意；大人的靈魂需要提點，他們也能懂文字的弦外之音。我所有的觀眾都聽懂了，只有我先生聽不懂，到底誰才是別人？心事無人能懂的感覺，是婚姻裡說破唇舌都無濟於事的孤獨。

「『他覺得』我『花太多時間』在『別人』身上。」

吵架時總認為先生不懂我的心，但我何嘗不是忽略了他內心深處的嚮往？先生個性溫和，習慣迴避衝突，擲地有聲地拋出這句話，已經是他內心的最大音量，他暫且不知道該如何用「創造者」的視角捍衛他的自我，只好先以「受害者」的角色責備我的自我。

仔細反芻，這句話的真義並不是指責，而是要讓我接納先生有這樣的情緒與想法，明白他也需要自我，甚至需要我同理他逐漸凋零的自我，他在覺察的路上，或許很需要我的陪伴，只是他還不知道如何開口表達。鏡頭下的暗潮，雖然洶湧，但卻讓我們夫妻學會正視衝突的價值，衝突中，有兩個想做自己的靈魂正在蛻變。

後來，他沒有再阻撓我任何一次直播或開課，他甚至傳訊息給我：「老婆，我很後悔沒有跟妳一起直播推廣繪本閱讀。」

＊＊＊

一年後，新冠疫情再掀波瀾，輪到我離開職場，因緣際會在家寫書，為了專心寫作，我決定暫時放棄穩定的薪水。先生百分百支持我的決定，沒有再挑戰我的白日夢，每一篇稿子都是他第一個審定校閱，他時常被我的文字感動得掉眼淚，很認真地給我回饋和建議。

十周的繪本故事直播，他在生悶氣中還是習得了我的詮釋功力，現在陪孩子看迪士尼電影時，他突然看懂了許多劇情的鋪陳，例如《天外奇蹟》老夫妻的夢想，不是仙境瀑布，而是夫妻相伴的日常；例如《汽車總動員》閃電麥坤終於明白，成就不必在我，韓森黃蜂的精神傳承，更是世代相知相惜的感動。先生一向喜歡看電影，動畫電影是繪本故事的聲光版，陪著孩子跟隨劇情跌宕起伏，先生的自我也找回來了。

有一晚睡前，先生偎在我身邊，問我能否教他心智圖？我便把一年前那十周的繪本故事直播心智圖拿給他參考，他學習能力強，懂得舉一反三，把自己工作上的簡報完成了，也利用業餘時間幫我寫了幾篇閱讀推廣文章。我們的時間，運用在工作、育兒、家事和自我身上，夫妻成長腳步亦步亦趨，在這其中，沒有別人。

職業爸媽光鮮亮麗的外表下，暗藏著雙薪家庭時間稀缺的兩難，也隱含著自我在工作與家庭之間的拉扯衝撞，無論怎麼拉扯、怎麼衝撞，我們都把婚姻裡的另一半給帶上了。夫妻同心，其利斷金。

酵母

鹽奶油捲是最令我魂牽夢縈的麵包，牛角形狀中間厚實、兩邊收口細緻，烘烤出爐後麵包口感軟嫩，外皮酥脆，淡淡的奶油香，不油不膩，鹹中帶一點點香甜。

烘焙一直都非我拿手項目，揉麵、醒麵、發酵、塑形、烘烤，所有工序對我來說皆生澀耗時，尤其是發酵。母親以前常做烘焙，特別講究酵母，儲存時要密封冷藏，揉麵放入酵母時萬萬不可令其與鹽巴接觸，以免抑制酵母活性，攪拌麵團的水溫介於攝氏二十度到二十五度之間，才是酵母活動力最旺盛的溫度。麵團發酵時，一發時周圍溫度以不超過二十八度為原則，二發時可放入不插電的烤箱封閉恆溫三十八度發酵，麵團才能發得白胖飽滿。

母親時常練習發酵失敗，麵團理應膨脹兩倍大，卻像個消風的皮球，失去彈性沉重地塌在鋼盆中，爾後幾年，母親便甚少練習烘焙。而我，一律拒絕處理任何發酵事宜，想吃烘焙食品不必動手，花錢了事即可。需要如此呵護的酵母與發酵工程，像極了我們母女之間的愛恨糾葛。

烘焙裡的覺察課

當媽之後心血來潮，覺得烘焙是培養親子情感的居家活動，曾經帶兒子做過餅乾。餅乾算是烘焙的入門品項，毋須等待發酵，照著食譜上添油加糖，那個分量之油耗之甜膩，嚇得我把油和糖的分量減去大半，烘烤出來的口味雖清淡，但也不酥不脆，距離美味二字還有偌大的距離，我也隨之把烘焙束之高閣。酥脆的餅乾皆耗油，美味的餅乾皆多糖，索性再也不吃餅乾，專心追尋鹹甜油香都中庸的鹽奶油捲。

一日午後，我在好友S家陪她做麵包，她用麵包機把麵團揉好後，便開始示範如何塑形鹽奶油捲。她先將麵團分割成好幾等分，搓成水滴形狀之後擀麵，把麵皮擀成上寬圓下細長的水滴形狀，在寬圓處放置一小塊有鹽奶油，遂將麵皮往細長處捲起，一顆漂亮的牛角就成形了。

與她聊天談心是那天聚會的重點，我用眼睛做烘焙，不曾注意她是如何發酵、如何收口、如何烘烤，出爐後只顧著吃，被酥脆鹹香迷惑，心想母親也有一臺一樣的麵包機，我若準備好材料，憑印象照著S的步驟做，肯定能如法炮製。

＊＊＊

母親雖多年沒再做過烘焙，但所有器具一應俱全，尤其關鍵的酵母，她早已密封冷藏，等待活化。我自行備妥高筋麵粉和奶油，便拎著兩個兒子到她家，準備實現我想像中的鹽奶油捲。

塵封的麵包機拆封後，我們母女的意識角力也隨之啟動，我想著S說過的配方，打算讓麵包機揉麵之後就拿出來塑形做鹽奶油捲，再送進烤箱烘烤。但母親卻說她沒這樣偏離過麵包機食譜，堅持要我一步一步跟著麵包機步驟，一機到底做條吐司，免得失敗。

鹽奶油捲不是吐司，吐司也不是鹽奶油捲，就算配方大同小異，形狀和口感可是天差地遠，猶如我們母女，曾經在胎裡血脈相連，分娩後終究是不同的生命養成。

我想吃鹽奶油捲的意念過於強烈，不願屈服麵包機的吐司功能，但烘焙能力實在過於低劣，動手做才知道有好多疑問：麵包機該按哪個功能？何時發酵？麵團氣孔怎麼辦？有鹽奶油要放多少？發酵需要多長時間？發酵時麵團乾掉怎麼辦？烤箱要設定幾度？上盤下盤何時交換烘烤？

所有的疑問，母親一概回答「不知道」。她眼睜睜看著我澈底偏離麵包機食譜，又把麵團黏得滿桌都是，麵粉亂撒，揉麵揉太用力，麵團幾乎被我壓扁，擀麵也不成水滴狀，捲起來後與牛角形體相去甚遠，倒成了一只粗棍，形狀醜到我自己都懷疑，發酵烘烤後到底還能不能吃？

兩個兒子和我同桌，在我旁邊有樣學樣捏著過期的麵粉團，母親直誇他們做的鹽奶油捲比我精緻漂亮，早已習慣同班同學總是比我優秀，我隨心所欲捏塑手邊十一個平均四十五克的麵團。母親從遠處觀望我的豪放不羈，丟下了一句：「我不參與妳的烘焙，所有成敗我皆不負責，妳有問題自己去問妳朋友。」語畢，她竟瀟灑地回房睡午覺。

剎那間，我忽然頓悟我過往「怕犯錯又害怕承擔失序」的信念從何而來。母親曾經烘焙多時，她深知過程中的眉眉角角，只要一個步驟疏失，輕則麵包外型醜陋，重則口感乾澀難嚼，一經失敗就是一盤糟蹋食物，母親當然希望我按照規矩來，從容地吃一條麵包機標準化的吐司。

母親的人生歷練豐富，我在成長的過程中，多聽她的勸言總能成功，無形中，我綁了手腳，從鹽奶油捲活成了吐司的方正形狀。怪不得我時常覺得人格分裂，從豐沛的情感中鍛鍊理性邏輯，渴望奔放創新又緊抓安全的秩序感不放，有時謹慎小心、有時無為而治，自律感與幽默感並存，在巨大反差的撕裂之下，大多數時間我都搞不懂自己。

當母親極力撇清我烘焙的成敗，那一瞬間，我竟解放了內心豪放不羈的靈魂，其實我不是百分之百循規蹈矩之人，我是無厘頭隨興之人，對於很多事情沒什麼所謂，用新潮的說法，就是有點兩光，有點ㄎㄧㄤ。

小時候母親要我收拾房間，我先是把東西全都藏在衣櫃裝沒事，外觀看起來整潔就好。後來東窗事發，被她重新教育如何整理收納，她拿了個大垃圾袋給我，要我把不需要的東西丟了，其他物品則歸位收拾好。結果，我懶得整理，心想眼不見為淨，便把所有不想整理的東西全丟了。想不到紅包錢無辜，也被丟進了垃圾袋，我成了家中有不良家事前科之人，每次從我房間丟出去的垃圾，母親總得再次檢驗，運氣好時還真會撿到錢。

當媽後我從沒對副食品上過心，兩個兒子只有在母親家能吃現煮粥泥，在我家一律吃罐頭、常溫粥或冷凍粥，過渡時期，很快就熬過去，何必煩心呢？能吃正常的人類食物後，兩個兒子胃口極佳，小黃瓜、紅蘿蔔、醋溜、胡椒調味，甚至韭菜麵餅，他們都嚥得下肚，看來那些現成的副食罐頭粥品，在味蕾養成時期並無大礙。

兄弟倆分別在兩歲半與一歲半時染上腸胃炎，我心疼他們上吐下瀉之餘，也有點見獵心喜，他們痊癒之後都自動把奶粉戒了，我把剩下的奶粉賣掉換現金，買了鮮乳和其他飲品給他們喝，甚是方便，從此擺脫媽的泡奶人生。

某日早晨，把阿睿送至托嬰中心後，我收到老師傳來非常嚴正的照片與訊息，老師直指阿睿嘴角有乾掉的血漬，看起來像擦傷，質問是不是沒把他照顧好，在家裡就受傷了？我仔細看了照片，想起來早餐給他吃紅豆紫米粥，沒擦嘴巴就出門了。老師用濕紙巾擦一擦嘴角，果然立刻恢復細皮嫩肉。

關係一如麵團，熟能生巧

一回神，我沒忘我的鹽奶油捲。

好友S時不時來電或傳訊，隔空指揮我為麵團蓋濕布、噴水、發酵、烘烤，象徵我離開母親後在自己的人生闖蕩，總有貴人提點相助。這一次烘焙，酵母給面子，環境溫度也控制得宜，麵團發了兩倍大，出爐時烤色金黃均勻，奶香飄散，咬下去外酥內軟，我爸、兒子、先生全都讚不絕口。

母親步出房門，望著出爐的成品，不計較美醜，拿起一個不是吐司的鹽奶油捲，嚐了幾口後交代我要多多練習烘焙，做完烘焙別忘了收拾器具殘局，不然做個麵包像戰後現場，她看了就累。

練，我肯定練；收，我一定收。我就是那白白胖胖的麵團，隨著人生歷練擀成了厚實的內心，處事圓融，玲瓏細緻。孕育白胖麵團的環境，輕揉捏塑，適溫宜人，最關鍵的是那酵母，讓麵團發酵成長的母親，制定了所有活化發酵的條件，讓我發成了兩倍豐盈，烤色光鮮亮麗，口感有酥、有脆、有軟、有密、有鹹、有甜，層次真誠多元豐富，但就是造型歪七扭八，隨興不羈。

烘焙這檔事兒，一回生二回熟，猶如我們母女之間的情分，練著練著，收著收著，總能色香味俱全，瀟灑利索。

化恐懼為愛

正式動筆寫這本書之前，我的內心無比雀躍，萬萬沒想到，此生竟然有機會成為作者。然而，竊喜很短暫，伴隨雀躍而來的，是未知的煩惱與深深恐懼。

主題拿捏、文筆品質、市場接受度與銷量，對菜鳥作者而言，每一步都戰戰兢兢，絆住我最深的是，我不知道自己的文字是否會傷害母親。我會不會把她寫成了惡魔？我們母女會不會因為這本書而再次決裂？她的形象會不會被我毀掉？我會不會揭露太多私事？我會不會被批評小題大作、不知感恩？

在恐懼與愛之間選擇

恐懼襲來的那一刻，我又回到了當年向她攤牌的處境，我想正視情緒感受與覺察梳理，我無意傷害他人，也不願傷害自己，但那股恐懼有聲音，它時常說「算了」。它會說「算了」正是因為害怕他人的批判，得不到他人的同理。

當我想要為自己發聲，保護內在小孩時，因為怕權威、怕被罵、怕不被理解，恐懼曾說「算了」。當我想要與母親分家，找房子搬出去住，捍衛自己的自由空間，因為怕又遇到鄰居自殺、怕無法承受變動，恐懼也曾說「算了」。我的恐懼，因為太害怕受傷，一直跟我說「算了」，讓我一度不敢開口，一度不敢搬新家。我的恐懼，把我困在受害者的軀殼中，只要我僵化不要亂動，我就是安全的，殊不知這個固態的舒適圈，宛如內心煉獄的受苦圈，充滿想像力的憂慮情節，如驚濤駭浪般將我吞噬。

自我探索的過程總像冒險，電影《冰雪奇緣2》中，當艾莎（Elsa）前往阿托哈蘭追尋自我時，在海上遇到了一匹水馬，那匹水馬象徵艾莎的情緒與恐懼，在海上與她纏鬥，時而攻擊、時而偷襲，一度將她深壓入海底，彷彿置她於死地。幾番搏鬥後，她才駕馭了她的情緒與恐懼，乘著水馬抵達彼岸。每當我恐懼，我都會回想這一幕，仔細觀察動畫中讓她駕馭水馬的機轉到底是什麼？我想，是她探索內在的渴望，有很深層堅定的力量，超脫了恐懼本身。

如果我注定要來世界走一遭這場經歷，那麼究竟是為了什麼課題？羅伯特．舒華茲（Robert Schuwartz）所著的《靈魂的出生前計畫》我讀了兩次，明白了生命中的挑戰層次不一，關鍵從來就不在於事件本身，而是在於我們如何回應。事件帶出的是該學習的課題，諸如：同理、接納、寬恕、愛與慈悲，如果能站在高維度看穿靈魂與生命的約定，習得人生課題，那麼我們將斬斷相似磨難的吸引，也會明白生命的磨難皆是因愛而生，以智慧為本，是成長的禮物。

書中有一個段落，讀來更是當頭棒喝，無論生命中做了什麼決策，理由是出於恐懼，還是出於愛？若是出於恐懼，所有的負面情緒都會伴隨而來，甚至由生入死；若是出於愛，心才能真正地寬廣而平靜。如果可以選擇，永遠選擇愛而不是恐懼。

當年化解攤牌恐懼的，是我對內在小孩的愛與疼惜，她只是一個嚇壞的小孩，只有我才有辦法最快伸出雙手擁抱她，更何況這個擁抱，也是出於對母親的愛，正因為愛著母親，才願意坦誠溝通。

當年化解搬家恐懼的，是我對社會重啟愛與關懷，與其擔心鄰居會不會自殺，不如多多關心鄰里，時常聊天打招呼，守望相助社區事務。三十歲以前，我對社會漠不關心，當媽以後，我從自身經驗察覺優化向善的契機，由於深刻體驗每天通勤到市中心上班的時間過長，眾多鄉親為此所苦，我甚至申請規劃跳蛙公車提案，主動尋求客運公司和市議會的協助，讓鄉親們通勤往返時能多一個交通選擇。

動筆書寫，除了自我實現，更希望利他回饋當年閱讀與社會安全網對我的救贖。我欠這個世界好多愛，唯有付出愛，才能化解恐懼。我終究不是聖人，做不到慈悲無懼，但求盡力而為，無愧於心。

一邊琢磨著我的文筆，鋪陳本書脈絡，一邊傳訊問問母親當年的想法與感受，舊事重提，我需要勇氣，她卻一頭霧水。她福至心靈地回了我幾句：「不要追悔，罪性本空，心滅罪亡，名真懺悔。懺就是承認錯，悔就是不再造作，且不追悔就是真懺悔。妳照顧好腳下，把握當下，活在當下，我們很開心有兩個天真無邪的孫子作伴，妳好好教育他們，我們能力體力所及，都會當妳的後援。」

我們母女，走了好長好長一段路，才能這樣心平氣和地對話。如果當初不是因故又在同一個屋簷起居、陪伴、分家，也許我們現在還在異地各過各的生活。那些機緣因果，永遠捧在我心中，我不追悔，但它是我的力量根源。

一切好壞都是為了互相成就

母親與我的對話，時常提起佛經，我不一定每次都全盤理解，但我感受得到她的寬容與智慧，我放下了我的批判，不再責難她當時對我的苛刻，也不再怪罪自己三十歲時心理素質薄弱，那些自責與罪惡感，或許只是我對自身能力的高估。於是，我寬恕了我的虧欠，接納了最真實脆弱的自己，更是燃起了想要為這一遭寫下文字的真心與決心。

當我站在制高點看著發生在我身上的故事，父親、母親、先生和孩子選擇了與我相伴，活出這場經歷，他們不僅是我此生血濃於水的家人，更是靈魂家人與生命最勇敢的約定。我明白了我們都是帶著愛來互相成就，而那些衝突、撕裂、傷害，無論大小與輕重，也只是幫助學習成長的考題罷了。

終於，我找到了適合的筆觸，描繪過往經歷，也傳遞了刻骨銘心的體悟。執筆的雖然只有我一人，但這是我們三代親緣一同譜出的人生篇章，為了完成這個使命，文筆和銷量的恐懼煙消雲散，我知道我的一字一句都帶著愛與真誠，它會乘著風，將書送往有緣人手上。

後記——

後來的我們

出書並不在我原本的人生規劃中，寫書更不是我原本所擁有的專業技能。書寫這本書的期間，為了專心完成寫作，我離開了職場，過著收入驟減的生活，對於需要養家活口的奔四婦女而言，這跟當年的三十失序一樣始料未及。

感謝先生的支持與體諒，總是被迫第一個閱讀不成氣候的初稿，一方面陪著我討論修改，另一方面也扛起了家計。感謝兒子們選我當媽媽，育兒生活的點滴，是幸福也是修行，讓我成就了更好的自己。感謝我爸從頭到尾不知道我在幹麼，這是他一貫沉默寡言的愛，特別憨厚老實。

母女關係之間相愛相殺的真實戲碼，是一個膽大包天的寫作主題，坦誠面對自己，真情流露內心的情緒感受，也並非容易之事。我花了幾個月的時間，回望過去六年多的歲月，哭哭笑笑地寫著一篇又一篇，無論在過程中遇到多少困難、多少崩潰，我都相信自己有辦法克服。寫著寫著，我的目標與使命感，遠遠大過了恐懼。感謝遠流出版社與春旭總編，任由我爬梳豐沛的情感，如今這洋洋灑灑六萬多字付梓出版，字字句句都是我覺察的血淚，以及體悟修煉後想對你說的善良。

最最感謝的，當然非母親莫屬。

辭掉工作專心寫書，向來不是母親栽培我的準則。好歹應該邊工作邊寫，賺錢養家重要，寫作頂多只是業餘玩玩，尤其我從小到大並非寫作能手之輩，這個隨順因緣的決定顯得更加荒唐。不奢求母親會像朋友們一樣支持我寫書，若她真想勸我，我加緊腳步趕快寫完，盡早回歸職場便是。

誰知母親的成長與智慧，早早超越了我的念想，我幾乎是以小人之心度君子之腹那般沒格調了。母親並不是第一個知道我在寫書的人，卻是知道我在寫書後，第一個反應「異常」的人。

她得知我在寫書後，沒馬上表示支持但也沒說反對，倒是先問我在寫什麼文體？我說我寫的是心理勵志散文，她竟回我她以前寫過小說，只是稿子壓了箱底，她忘了內容，沒出版，現在聊起來覺得羞，叫我莫再提。

看著她那羞得謙遜的模樣，我覺得有點可愛，又有點惋惜，怎麼當時不投稿發表呢？她把稿子壓了箱底，卻演活了母親與阿嬤的角色，才讓我有機會撰寫成書。原來我們母女都流著寫作的血液啊！

鼓起勇氣和她說，我書寫的主題是母女關係，寫的是我和她之間的故事，以及我當媽媽之後的種種體悟，為了尊重當事人，稿子先給她看過，如果願意，寫作機會時隔幾十年又來到了面前，幫我寫篇後記好嗎？

她百般推拖，想了幾天，傳了個訊息給我，我就當作是她寫的後記，我僅幫她潤飾標點符號與斷句：

我尊重作者出版內容，就不先看稿子了，等妳出版了我再去買書來拜讀一番，這是妳的嘔心瀝血之作呀！

無論妳的著作是何文體，內容將人物實現、美化、醜化，都是文學之力量，文學之美。

願妳最終能帶領讀者正向思考，給予讀者正向能量，引發讀者深思，造成賣點，功德無量哦！祝福妳啦！

親愛的讀者，我的母親，貫串本書的核心，她與你是同一時間閱讀這本書，她的驚喜、驚訝與驚嚇都不亞於你。她和你一樣，給了我至高無上的信任與接納，我不僅是被自己的文字包圍，也被愛層層環繞。

親愛的讀者，如果這本書有任何寫不好的地方，那都是我有待加強的未竟之業，歡迎你不吝賜教；如果這本書有任何寫得觸動你心的地方，那都是宇宙給予我的靈感與心流，讓我完成使命，將文字送到你的面前；如果這本書有任何段落稱得上是文學的力量與美，那都是各家散文作品與寫作大師隔空授予我的筆觸；如果這本書對於你的覺察與能量有任何的正向影響，那都是母親對我的期許，以及她對你的祝福。

願你有勇氣，直視內心的暗與光，面對內心真實的情緒感受，若你在這本書中，找到一絲絲愛與智慧，為能量充電補給，那麼這本書也就有它存在的價值了。

（完稿於二〇二二年七月）

國家圖書館出版品預行編目 (CIP) 資料

練習不聽話：30 代女子的心靈獨立之旅，成就自己，也找回剛剛好的母女關係 / 劉馥寧（芬妮 Fannie）著 . -- 初版 . -- 臺北市：遠流出版事業股份有限公司，2022.11
面；公分
ISBN 978-957-32-9787-1(平裝)

1.CST: 人生哲學 2.CST: 母親 3.CST: 親子關係

191.9　　111015610

練習不聽話

30代女子的心靈獨立之旅，成就自己，也找回剛剛好的母女關係

作　　者｜劉馥寧（芬妮 Fannie）
總 編 輯｜盧春旭
執行編輯｜黃婉華
行銷企劃｜鍾湘晴
美術設計｜王瓊瑤

發 行 人｜王榮文
出版發行｜遠流出版事業股份有限公司
地　　址｜臺北市中山北路 1 段 11 號 13 樓
客服電話｜02-2571-0297
傳　　真｜02-2571-0197
郵　　撥｜0189456-1
著作權顧問｜蕭雄淋律師
ISBN ｜ 978-957-32-9787-1

2022 年 11 月 1 日初版一刷
定　　價｜新臺幣 370 元
（如有缺頁或破損，請寄回更換）

YLib 遠流博識網
http://www.ylib.com
Email: ylib@ylib.com